CULTURE SMART

文化之旅丛书

这　就　是
美　国

[美]吉娜·蒂格　[英]艾伦·比奇　著

孟雪莲　译

商务印书馆国际有限公司

图书在版编目（CIP）数据

这就是美国 /（美）蒂格，（英）比奇著；孟雪莲译．— 北京：商务印书馆国际有限公司，2015.10

ISBN 978-7-5176-0187-6

Ⅰ．①这… Ⅱ．①蒂… ②比… ③孟… Ⅲ．①文化—概况—美国 Ⅳ．① G171.2

中国版本图书馆 CIP 数据核字（2015）第 240296 号

著作权所有：Kuperard Publishing an imprint of Bravo Ltd.

著作权合同登记号京权图字：01-2015-4335

这就是美国

作　　者　［美］吉娜·蒂格 ［英］艾伦·比奇
译　　者　孟雪莲
出版发行　商务印书馆国际有限公司
（地址 北京市东城区史家胡同甲 24 号　邮编 100010）
（总编室电话 010－65592876　市场营销部电话 010－65598498）
网　　址　www.cpi1993.com
经　　销　全国新华书店
印　　刷　北京盛兰兄弟印刷装订有限公司
开　　本　880mm × 1230mm　1/32
印　　张　5.25
字　　数　100 千字
版　　次　2016 年 1 月第 1 版第 1 次印刷
书　　号　ISBN 978-7-5176-0187-6
定　　价　19.80 元

版权声明

鸣　谢

感谢文化之旅咨询公司在本系列丛书概念研发中给予的鼎力帮助。

文化之旅咨询公司召开各种定制型研讨会、开展各种咨询项目，从而满足企业、公共部门和个人的广泛要求。随着国际劳动力日趋增加，该公司在世界范围内为这类人群提供必不可少且实际有效的各项技能，比如为在美国开设的跨文化学习班传授课程，为派驻欧洲的中国工程师做好准备工作，在印度培训呼叫中心人员，提升警员对多民族社区的跨文化意识等等。

欲知详情，请访问：www.culturesmartconsulting.com。

文化之旅咨询和文化之旅指南均已在“快速通道”作为专栏节目播出，“快速通道”是 BBC 世界频道每周定期播出的旅游类节目。

美国地图

CANADA
加拿大
安克雷奇
Anchorage
阿拉斯加
ALASKA
Seattle
西雅图
Portland
波特兰
Billings
比林斯
Boise
博伊西
Salt Lake City
盐湖城
San Francisco
旧金山
Denver
丹佛
Las Vegas
拉斯维加斯
Los Angeles
洛杉矶
Minneapolis
明尼阿波利斯
Omaha
奥马哈
LAKE SUPERIOR
苏必利尔湖
休伦湖
LAKE HURON
LAKE MICHIGAN
密歇根湖
NIAGARA FALLS
尼亚加拉大瀑布
LAKE ERIE 伊利湖
Detroit
底特律
Chicago
芝加哥
Cleveland
克利夫兰
Pittsburgh
匹兹堡
Indianapolis
印第安纳波利斯
St. Louis
圣路易斯
Nashville
纳什维尔
Atlanta
亚特兰大
Boston 波士顿
New York 纽约
Philadelphia 费城
Washington D.C.
华盛顿特区
Charlotte 夏洛特
Charleston
查尔斯顿
ATLANTIC
OCEAN
大西洋
Dallas
达拉斯
PACIFIC
OCEAN
太平洋
New Orleans
新奥尔良
Houston
休斯敦
San Antonio
圣安东尼奥
Miami 迈阿密
GULF OF MEXICO
墨西哥湾
MEXICO
墨西哥
CUBA
古巴
Honolulu
火奴鲁鲁
夏威夷
HAWAII

引　言

美国至今仍是世界超级大国和最大的经济体，按照某些其他标准，美国是世界最重要的国家。当今世界，有谁会不了解美国？美国生活的很多方面都已被世界各国人民争相效仿。初次来到美国的人会有一种“就像电影里一样”的亲切感，然而这种感觉是一种误导。在通俗文化辉煌的成功背后暗藏着一个复杂多变，处处充满对比与矛盾的社会。有财大气粗、炫富招摇，也有穷困潦倒、身无长物；有日久年深、破烂不堪的小镇，也有高楼林立、光鲜亮丽的都市。美国的文化属于掌握高科技、精明能干的成功人士，美国的科技已经把人类送到了月球上，下一步的目标就是火星。同时，这又是一个内心深刻，富有同情心的国度，对教会和慈善事业发展贡献巨大。

美国幅员辽阔，地区差异很大，这可能让您感觉有些招架不住。那么应该如何开始了解一个跨越六个时区的国家呢？

《这就是美国》一书的目的就是为您铺展开一张“路线图”，从人文方面详细介绍一下美国。在我们的旅程中，您将了解构成美国社会的各种重要影响力量，以及美国社会特有的理念。这些骨子里的价值观念造就了美国人的行为方式和态度理念，不论是在美国的大街上与他们不期而遇，还是在职场上与他们合作共事，您都会留意到他们的这些行为方式和态度理念。我们要给今日之美国把把脉，美国有永远做不完的工作，对内要承受坚持宪法原则的挑战，对外则要承担世界唯一超级大国的责任。同时，我们还会从一个较为轻松的角度来看看美国人的工作、生活和娱乐。

美国对新移民总是敞开胸怀，慷慨接纳。在游客们看来，迎接他们的人活力无限、大方热情。美国社会不拘小节，因为文化差异，您也许会有失礼的地方，但是这不会让您惹上麻烦。但是也不要麻痹大意，以为无所畏忌了。美国人有一个不可动摇的信念，即美国是世界上最优秀的国家。虽然在激烈的竞争中，他们可能会紧张地瞥一眼对手，但是毫无疑问他们认为自己才是最终的胜利者。要时刻记住他们这种深刻的自豪感和被他们视为珍宝的美国理想，只有这样您才能讨主人喜欢。

最后一点，因为要想描绘一个 3.15 亿人口的国家并非易事，我们只能讲个大概，再加上美国地域辽阔，横贯占地球面积六分之一的北美洲，而且美国又是个年轻的移民国家，由一千多种文明汇聚而成，形形色色、纷繁复杂，很难一言以蔽之。泛泛之谈不可避免，但是经验告诉我们：对于文化规范，要做到心中有数、灵活运用。换句话说，在美国旅行一定要带上开放的思想哦。

国 情 概 况

官方名称	美利坚合众国	
首都	华盛顿特区	
人口大市	纽约、洛杉矶、芝加哥、休斯敦、费城	
面积	3,675,031 平方英里（9,518,330 平方千米），包括本土 48 个州和首都特区，以及夏威夷州和阿拉斯加州。	还包括多个海外领地和附属国，如美属萨摩亚、北马里亚纳群岛、帕劳群岛、关岛、波多黎各和美属维尔京群岛。
气候	大陆性气候，温差大，降水分布不均匀。	
货币	美元	
人口	315 百万	
种族构成	白种人或欧洲人 72.4%；黑人或美国黑人 12.6%；亚洲人 4.8%；美洲原住民、阿拉斯加因纽特人、太平洋原住民 1.1%；其他混合人种 9.1%。根据 2010 年人口普查分类，16% 属“西班牙或拉丁裔”人口，不属于种族群体。	
语言	英语	美国无“官方”语言，很多政府和商务服务也采用西班牙语和汉语。
宗教	新教（包括南方浸礼会、卫理公会、路德教、长老教会和圣公会）51.3%；罗马天主教 23.9%；摩门教 1.9%；犹太教 1.7%；佛教 0.7%；穆斯林 0.6%；印度教 0.4%；其他宗教或不信教人口 19.5%。	

（续表）

政体	联邦政府，由 50 个州和哥伦比亚特区组成。政府位于华盛顿，总统领导政府管理工作。参议院和众议院形成两院立法机构（国会）。	
媒体	主要电视频道网络有ABC、CBS、福克斯、NBC 和 CW。地方、有线和卫星频道总数超过2000 个。	有 15000 家 FM 和 AM 广播电台，151 个卫星电台频道，以及 1300 多种日报。
电力	110 伏（60 赫兹）	
电视 / 视频	数字高清电视：ATSC 系统。模拟电视：NTSC 系统。PAL 仅适用于多系统电视和视频。很多蓝光光碟“无区域”光盘，与高清电视连接后，可使用美国播放器播放。	
互联网域名	.us	
电话	国家代码．1	拨打国际长途：011
时区	跨越 6 个时区，阿拉斯加州和夏威夷各占一个时区。东部地区：格林尼治时间 +5 小时；中部地区：格林尼治时间 +6 小时；山区：格林尼治时间 +7 小时；太平洋地区：格林尼治时间 +8 小时；阿拉斯加地区：格林尼治时间 +9 小时；夏威夷地区：格林尼治时间 +10 小时。	

目　录

第一章

彼国彼民

美利坚合众国由 50 个州组成，“本土 48 个州”横跨北美大陆中央地带，北邻加拿大，南接墨西哥，碧海环绕、波光粼粼，此外的哥伦比亚特区面积为 68 平方英里（176 平方千米），环抱首都华盛顿。

美国国旗上的另外两颗星代表阿拉斯加州和夏威夷州，阿拉斯加位于加拿大西北方，夏威夷距加利福尼亚州 2500 英里（4023 千米），位于中央太平洋地区。其他领土和附属国包括太平洋的美属萨摩亚群岛、北马里亚纳群岛、帕劳群岛、关岛、波多黎各和加勒比海的美属维尔京群岛。

美国陆地面积 3,675,031 平方英里（9,518,330 平方千米），是世界第三大国。其从大西洋海岸到太平洋海岸的东西跨度为 2700 英里（4345 千米），地形复杂多变，有气势磅礴、层峦叠嶂的山脉，有一望无垠的大草原，有沼泽湿地，有植被茂盛的雨林，有微光闪烁的沙漠，还有许多冰川湖。美国与加拿大边境处的五大湖泊造就了辽阔的内海，形成了世界最大的淡水水体。密苏里－密西西比河水

系是北美洲最长的水系，美国有两个州就是以这两条河命名的。密西西比河连接北部平原和南方地区，曾一度是这个国家的生命线，并在十九世纪作家马克 · 吐温的笔下留下千古美名。

气　候

美国各地海拔高度不一，加之其幅员辽阔，于是就形成了温度和降水情况的千差万别。美国的最北端靠近北极，最南端位于热带，所以同一天里，五大湖区的气温可能在零摄氏度以下，而温暖的佛罗里达州的温度可能高达 80 华氏度（26.67℃）！

中部地区的大陆性气候形成了全年极端的天气条件，比如，处于大平原的北达科他州夏季最高温度可达 121 ℉（49℃），而冬季的最低温度可达 –60 ℉（–51℃）。由于没有高海拔地形的阻挡，内陆低地受到南方墨西哥湾暖流和北方北极阵风的共同支配，这种相互对立的天气系统有

时会发生激烈的碰撞，大自然就会爆发其最为凶残的一面，暴风雪、冰雹、龙卷风和沙尘暴就会开始肆虐。落基山脉和阿巴拉契亚山脉之间的中央平原每年都会经历这些恶劣天气，所以被人们戏称为“龙卷风通道”。

西部山区各州的夏季气候温和宜人，但是海拔较高的地区在冬季会被冰雪覆盖。南方亚利桑那州和新墨西哥州夏季炎热干燥，冬季寒冷出奇。

沿海地区温度适宜，因为有东边的阿巴拉契亚山脉和西边的太平洋海岸山脉的重重阻隔，这种适宜的气候无法向外扩张影响内陆地区。墨西哥湾暖流是从墨西哥湾生成的一股暖洋流，向东北进发横穿大西洋，裹挟着巨大能量，给佛罗里达州和其他墨西哥湾沿岸各州带来温暖湿润的天气条件。

太平洋沿岸温度常年适中，但是越往北走温度越低，逐渐进入美国最潮湿的地区。喀斯喀特山脉起着气候分界线的作用，西侧山坡植被茂盛，其降雨量比东侧多20倍，所以东侧的平原地区尘土飞扬。

地　区

美国的购物中心和主要街道可能看起来都一个样，单调而乏味，但是在各个区域之间却有着丰富多彩的文化特色。人们用很多方式来表示不同的区域特点，尤其是通过车辆牌照上各个州的座右铭。以下是美国政府网站的定义——这可是官方的定义啊！

新英格兰地区

（缅因州、新罕布什尔州、佛蒙特州、马萨诸塞州、康涅狄格州和罗德岛州）

虽然这个地区并不大，但是新英格兰却在国家政治和文化发展中起着重要作用。教会会众召开镇民大会，针对地方事务发表意见、实施变革，比如，为合众国政府树立典范。宗教信仰、参政意识和勤勉的性格塑造了这一地区的光辉历史，如今这些优良特征又赋予这一地区独特的社区参与性和强烈的工作责任心等文化特色。

第一批欧洲移民中有很多是新教徒，他们的理想是寻求宗教自由。这一区域还曾经是反帝国主义的大熔炉，波士顿倾茶

事件以及随后的美国独立战争中很多战役都是在这里发生的。通过捕鱼业和造船业，波士顿的家庭财富不断积累，为十九世纪的工业革命提供了资金。当时的美国羽翼渐丰，这一地区的财富使其成为国家的知识和文化中心。

如今，新英格兰地区的捕鲸业和制造业已经被高科技产业取代。但是，其历史印记仍然深深留在波士顿口音、殖民地风格的房屋和白色尖塔教堂里。这一地区拥有崎岖的海岸线和科德角柔软的沙滩，所以深受游客喜爱。佛蒙特州的格林山脉是驼鹿和黑熊的故乡。

中大西洋地区

（纽约州、新泽西州、宾夕法尼亚州、特拉华州和马里兰州）

中大西洋地区在国家历史经济活动中起着重要作用。该区域纽约州的埃利斯岛是外来移民的入境点。在这里，刚来的新移民们雄心勃勃，迫不及待地投入到这个大熔炉。现在，东北地区每平方英里的人口仍然是西部地区的八倍。新英格兰地区也许的确为工业革命提供过资金，但是新泽西和宾夕法尼亚的劳动力资源才是这一地区最大的贡献。纽约取代了波士顿的地位，不仅因为其雄厚的金融资本，还因为其生机勃勃的活力，大踏步的前进速度和强度构成了美国的资本主义，并为其注入能量。在确定华盛顿为首都之前，有八个城市被称为美国首都，历史悠久的费城就是其中之一，独立宣言（1776 年）在此地孕育而生，美国宪法也是在这里起草的。

早先生活在这一区域的农民和生意人曾拥有肥沃的农田、生机勃勃的河道和森林，林中到处是野生动物、高大的树木和矿产资源。虽然人类对这部分美国景观的侵占和改变非常严重，但是这里的景致仍然十分优美。犬牙交错的海岸线上沙丘起起伏伏，海港的度假村熙熙攘攘，十分热闹。大西洋海岸平原的低地既是主要大都市的东部走廊，又有缓慢起伏的农田。再往内陆走，平原被纽约州的卡茨基尔山和宾夕法尼亚州的阿利根尼山脉抬升起来，这两个山脉都是阿巴拉契亚山脉的延伸部分。阿巴拉契亚山脉从北部的缅因州到南方的佐治亚州，与东海岸平行，是美国坚不可摧的脊梁。

这一地区的河道同样精彩。虽然尼亚加拉大瀑布周围满是汽车旅馆，而且还被浓厚庸俗的商业气氛层层包围，但是它仍然是世界七大自然奇迹之一，仍然让人惊心动魄。

中西部地区

（俄亥俄州、密歇根州、印第安纳州、威斯康星州、伊利诺斯州、明尼苏达州、爱荷华州、密苏里州一部分、北达科他州、南达科他州、内布拉斯加州、堪萨斯州和科罗拉多州东部）

这片区域位于广袤的内陆平原的东北角，是美国农业重地和粮食主产区，这儿的农田整齐划一，成片的麦地起起伏伏。欧洲移民一开始就看中了这里肥沃的土地和美丽的风景，他们纷纷来到美国的内陆平原开办农场、种植庄稼。美国第三大城市芝加哥属伊利诺斯州，当年很多波兰人、日耳曼人和爱尔兰人被吸引至此。明尼苏达州的森林里长满桦树和松树，这让斯堪的纳维亚人备感亲切，他们选择在这里安家落户。而密尔沃基市则以其欧式风格的酒馆和啤酒节著称。

随着西部移民跨过密西西比河，中西部地区逐渐成为进入贸易和运输枢纽的前哨。从纽约到芝加哥，全国各地散落着很多这样的城市，它们曾经因大型制造业而闻名，或从事原材料加工，或为工业和消费者生产重型货物，但是现在它们成了所谓的“生锈地带”。密歇根州的底特律是著名的“汽车城”（喜欢 R&B 的粉丝们叫它摩城），这里曾经是美国汽车工业之乡，但是跟其他美国传统制造业一样，近年来这里的情况并不顺利。

这片内陆地区被称为美国的“心脏地带”，人们的价

值观健康向上，本性谦逊纯良，大体上可以看作美国的代表。

再往西部是达科他州，这里有丰富的人类史和古生物史，渐新世化石层可追溯至3500万年前。但是，荒凉的景观让人回想起不远的过去，新移民们迫切想要得到土地，他们派兵在巴拉克山和Badlands地区与美洲土著部落开战。在与极端天气和沙尘暴不断斗争的过程中，人们形成了坚韧寡言的性格。在其西部边缘，一马平川的大平原高草地慢慢升起，形成了雄伟壮丽的落基山脉。

西部地区

（科罗拉多州、怀俄明州、蒙大拿州、犹他州、加利福尼亚州、内华达州、爱达荷州、俄勒冈州、华盛顿州）

落基山脉从北方的蒙大拿州延伸至南方的新墨西哥州，将美国西半部分平均分开。继续西行是山间高原区的冰川盆地和平原，比如犹他州的盐湖城、亚利桑那州的大峡谷，还有加利福尼亚州令人生畏的莫哈韦沙漠。更靠近太平洋海岸的内华达山脉高耸入云，纵贯整个加利福尼亚州。紧接着是喀斯喀特山脉的一座座火山峰，它们把太平洋西北部的俄勒冈州和华盛顿州串联起来，一直延伸到加拿大边境。

在美国西部的各个州，大自然仿佛有意密谋，不让人类靠近。这里的山峰更加险峻，这里的沙漠更加阴森可怖，这里的河流飞沫四溅更加汹涌湍急。就连野生动物也尽是

些凶猛野兽——灰熊、美洲狮和响尾蛇都把家安到了这里。更多的天然屏障是在较为晚近的时期陡然出现的。1906年旧金山大地震后，在其震中位置上形成了雷斯岬，与声名狼藉的圣安德烈断层共同形成了一座尖尖的半岛，深入太平洋10英里左右。

正是因为有洛杉矶和旧金山这样美丽迷人的城市，以及美丽的自然风光，所以加利福尼亚州同样受到游客青睐。加利福尼亚人爱玩爱闹、精力旺盛，这里有世界级的滑雪坡，茂盛的葡萄园，还有一望无垠的沙滩，这些都是加利福尼亚人的骄傲。这个州还有全国最重要的多样性农业经济，这里灿烂的阳光和变幻多姿的美景还吸引了全国的电影工业来到西海岸发展。

近来，加利福尼亚州的空间感、随和的性格和对非传统生活方式的包容吸引了大批新移民来此定居。

西南地区

（西得克萨斯州、俄克拉荷马州一部分、新墨西哥州、亚利桑那州、内华达州、加利福尼亚州南部内陆部分）

西南部绵延的沙漠有着深刻的精神品质。亚利桑那州最大城市凤凰城是于 1867 年由达雷尔 · 杜帕命名的，之所以会起这个名字是因为他觉得这座沙漠绿洲就像从古代文明中腾飞而起一样。事实上，杜帕的肥沃“绿洲”得益于一项古老但却十分有效的灌溉工程，而且在欧洲人来到美洲前几个世纪这一工程就已经建成了。远古文明留下来的其他遗迹还有查科文化科技先进的九世纪遗址，以及神秘的悬崖洞人——十三世纪的莫戈隆部落。墨西哥人留下的普韦布洛遗址中，我们可以看到建筑物都是用晒干的土砖垒砌而成，还有废弃的银矿工人和金矿勘探工社区，所有这些都进一步向我们展现了这一地区丰富多样的文化。

纳瓦霍恩认为他们穿越了数次轮回才来到今世，在他们眼中西南部一直是片神圣的土地。现在，众多当地部落的后人居住在保留地内，这些保留地占到亚利桑那州的一半面积。跟美国其他地区一样，这些保留地被称为“民族

自治区”，该部落自己有一定的自治权。来这里旅游的人要注意，在原住部落区域，行为准则也许会发生变化。

可靠的水源供应已经彻底改变了这片沙漠原来荒凉可怕的景象，现在，很多移居的远程通勤族、移民和退休人员都选择居住在这里。干燥的空气、充沛的阳光和世界级高尔夫球场已经确确实实让凤凰城、阿尔伯克基和图森跻身全国发展最快的城市。

数十亿年的演化，强风，水蚀以及地理异常现象把这一地区的自然风貌雕琢得千奇百怪，让人叹为观止。自然之手在佩恩蒂德沙漠的岩石上画上了彩虹般的条纹；把纪念碑谷的巨大独石涂成红色；将大峡谷调成橘色；又把白沙纪念地漂成白色，大自然的鬼斧神工证明了沙漠并非只是单调的棕色。

南部地区

（弗吉尼亚州、西弗吉尼亚州、肯塔基州、田纳西州、北卡罗来纳州、南卡罗来纳州、佛罗里达州、佐治亚州、阿拉巴马州、密西西比州、得克萨斯州中部、阿肯色州、路易斯安那州、密苏里州和俄克拉荷马州一部分）

南方地区具有最浓重的地域特色，其历史、气候和地理位置成就了其特有的音乐、美食和慢吞吞的口音。从内战到民权运动，从大规模的区域兼并到源源不断的移民潮流，南方地区已经形成其多样性、动荡的历史以及社会融合带来的持续挑战。物质和政治上的矛盾对立造就了南方人强烈的独立精神。得克萨斯人是天生的乐天派，而南方其他地方的人则是出了名的热情好客、温文尔雅、魅力十足。

古老的梅森－迪克森分界线设立于十八世纪初，它将南北方分割开来，虽然现在的地图上已经将这条线去掉了，但是南北方的巨大的差异仍然存在。南卡罗来纳州就是一个很好的例证，虽然这个州在内战中已经被反奴隶制的北方军队击败，但是却仍为保留联邦国旗而战，他们的做法在当时饱受争议。孤星之州（得克萨斯州的别名）的非官方格言就是“别惹得克萨斯”，这提醒我们这个州曾是一个独立的国家，而且仍然认为自己是共和国！

让我们大体了解一下这几个州，放大特点做一下比较。有些城市，比如查尔斯顿和亚特兰大，它们经济实力雄厚、财大气粗，与密西西比的棚户区和西弗吉尼亚州的拖车公园形成鲜明对比。这一区域坐拥众多高地，如密苏里的欧扎克山脉、弗吉尼亚蓝岭山脉和田纳西的大雾山，而且还有内陆地区肥沃的产棉带。下方东部海岸沿线散落着星星点点的小小岛屿，它们饱受龙卷风光顾。佛罗里达大沼泽，生态系统微妙脆弱，狡猾诡秘的短吻鳄、其貌不扬的海牛（值得庆幸的是，这些海牛正如奥格登·纳什在其著名诗句里描述的那样“完全没有虚荣心”）就生活在这片大沼泽里。路易斯安那牛轭湖的红树沼泽和从古老橡树上垂下的铁兰是南部地区最让人浮想联翩的景致。

阿拉斯加和夏威夷

阿拉斯加的皑皑雪山增加了美国的地理多样性，其中的麦金利山是美国的第一高峰。

夏威夷群岛是游客的天堂，火山岩形成的岛屿上遍布热带植物，有的地方还有黑色沙滩。

移 民 国 家

> E Pluribus Unum（拉丁语：合众为一）
>
> ——美国第一国家箴言

对于当年寻求宗教自由的英国人、逃避东欧大屠杀的犹太人，还有躲避饥荒的爱尔兰人来说，美国就是他们庇护之地，给他们带来各种机会。从 1886 年开始，成千上万的移民在抵达纽约港时，第一眼看到的就是美国的自由女神雕像，这对他们来说象征着希望。

与之相邻的埃利斯岛上有一座博物馆，是原来的移民站改造而成，这里记录了美国移民经历的种种艰难困苦和最终定居美国的过程。这座移民站 1892 年开始使用，到 1954 年关闭，这期间有 1200 多万人从这里进入美国，其中大部分是欧洲人，现在有将近一半的美国人是这些早期移民的后代。美国的种族融合从未停止。根据 2010 年人口普查结果显示，现在美国人口中有 1.1% 是美国原住民印第安

人和阿拉斯加人，12.6% 是“美国黑人或非洲裔美国人”，4.8% 是亚洲人。那些自称为“白人或欧洲人”的总计达 72.4%。大约 16% 的人口是西班牙裔或拉丁裔（普查中这两种说法是可以互换的），但这不是种族分类。虽然拉丁裔美国人可能是白人、黑人或亚洲人，但是普查把很多人归于“其他”类。

白人分布全国各地，但是人数较少的种族居住地往往更集中一些。非洲裔美国人多居住在南方，以及中西部和东北部的工业城市。拉丁裔美国人则毫无疑问聚居在南方边界各州（比如，得克萨斯州拉雷多市人口的 96% 是拉丁裔美国人）。统计资料显示，亚洲群体增长速度最快，他们大多数定居在西海岸，靠近他们入境港口的地方。

美国现在的出生率不足 1%，人口老龄化严重，再加上社保基金的日益减少，这些都是美国政治家和企业用工单位必须重视的问题。不过，每年约有 100 万移民涌入美国，推动美国人口发展。拉丁裔美国人口的增长快于非拉丁裔人群。估计非法移民人口超过1100万，由此造成了各种社会、政治和经济问题。

“少数族裔”（即非白种人）出生人口数量已经超过白人出生数量。如果再这样下去，在 2045 年白种人人口总数将下滑到 50%（据推算，届时世界人口将达到 90 亿，美国人口将达到4.08亿）。

来到移民国家，游客们可能会看到人们在两个文化世界中自由穿梭。白天，来自不同背景的人们在美国主流社会中和谐相处。晚上，他们回到自己家中，重又说起他们自己的语言，按照自己的传统和文化特性生活。

大熔炉

最早提出大熔炉思想的是伊斯雷尔·赞格威尔，他在1908年的戏剧《大熔炉》里这样写道："德国人、法国人、爱尔兰人、英国人、犹太人和俄国人全都跟你一起进入到这个熔炉里！上帝在创造美国人！"

对于今天的美国人口来说，用"沙拉盘"比"大熔炉"更形象。美国经常吹嘘其家庭血统混杂——通常是像赞格威尔的欧洲血统加上些斯堪的纳维亚血统，但是某些种族或民族间的联姻是近些年才开始的，而且并不多见。

就像一个万花筒，由于移民从越来越多的国家涌入美国，所以美国的社会模式日新月异。1991年，洛杉矶爆发了一场种族暴力事件，之后已故的罗德尼·金恳切地说："难道我们就不能和睦相处吗？"也许是因为兼容并包和多样性是美国的立国之本，所以他们大多数时候都能和睦相处。

政　体

美国的政体是根据世界第一部书面宪法（1787 年）在 1789 年建立的。该部宪法制定了一套三权分立制度，防止美国过度集权。它将政府权力分成三部分——行政权、立法权和司法权，并且制衡联邦政府和各个州之间的权力。

《人权法案》（1791 年首次增加了十条宪法修正案）保护个人自由不受政府干涉。该法案被认为是美国民主政治的基石之一，它包括言论自由权、拥有武器权和不自证其罪权。值得注意的是，对比政府而言，在该宪法中只有两条曾经对公民权利进行限制：1865 年第 13 条修正案剥夺拥有奴隶的“权利”（不过，当然授予不做奴隶的权利）；以及 1919 年第 18 条修正案下达的禁酒令，这也是唯一一条已经废除的修正案。

政府三权分立之间不断变动的权力分配永远是人们热议的话题。如今宪法已是 200 岁高龄，其中有些词句意义不清晰，但是宪法学者和高等法院的法官们不停地努力研究，以使这部老宪法能够应对当今的社会挑战。不过这部宪法还是明确地表达了自 1787 年以来美国世代人民的理想和价值观，这一点没有人怀疑。

行 政 机 关

政府的行政机构包括一位总统和一位副总统（每隔四年，同时选出），以及由十五个行政部门负责人（或部长）组成的内阁。内阁由总统指定而非选举产生，但是要通过参议院批准，其成员并不一定是政治人士。总统是政府首脑，也是三军总司令，其任期最多为两届，但是不必连任。

立 法 机 关

国会是政府立法机关，由两院组成：参议院 100 席；众议院 435 席。众议院的国会议员是按各州人口比例从各州选举出来的，任期为两年。参议院里，每个州占两个席位。参议员的任期是六年，每隔两年重新选举其中三分之一席位。

司 法 机 关

美国的司法最高机关是最高法院，由九名总统任命的终身法官组成。该国的最高法院的作用是最终仲裁立法和行政行为是否合法，同时制衡国家与联邦各个机构间的关系。

州 政 府

随着时间的推移，由于中央政府稳步扩张，权力的微妙平衡不再倾向各个州政府。不过，各个州政府仍然保留重要的行政和决策自治权。游客可能会因为各州法律的巨大差异而困惑不解，从法定饮酒年龄到死刑判决，所有问题都因地而异。多数州都采取联邦分权制，每个州有自己的宪法、行政长官（州长）、两个州议会和一个司法机关。

政 党

美国的选举制度是“赢者通吃”型，所以更适合两党制。民主党通常比共和党更自由，相信政府应发挥更强大的作用。他们容许征收更高税金来为社会事业买单，同时让高收入群体承担较重的税收负担。人们将其视为“人民的政党”，特别受到少数民族和妇女的拥护。

人们认为共和党在社会问题上比民主党更加保守，而且对自由企业给予更多支持，共和党支持各州权力，倡导低税赋，认为应该给富人减税，精简政府，加强军队建设。中产阶级、商界和农业界均是共和党的忠实支持者。

自由主义和保守主义的对决范围是相当广泛的，但是整体而言，欧洲政治也都这样。（英国讽刺杂志《侦探》的主编伊恩 · 希斯洛普说美国有“一个保守党和一个非常保守党”。）毫无疑问，共产主义曾是美国自由的对立面，但是甚至“社会主义者”和“自由主义者”也一直是贬损民主党的称号，然而极右翼分子常常对自己的“一无所知的”

反智主义引以为傲——2007 年三位共和党总统候选人就曾声称他们不相信进化论。诸如枪支控制、堕胎、同性恋结婚甚至避孕等既是敏感话题又是各方分歧所在，在竞选过程中仍然会被拿出来说事儿。各个资金雄厚的特殊利益集团是美国政局的一大特点，他们游说政治家，对政治决策施加影响。

虽然每一代人的地理位置会有所变化，但是在二十世纪大部分时间，两个政党都各有占选民总数 40% 的“基础”选民。所以，总统选举就取决于游走于中间地带的独立派和未拿定主意的选举者了。历来没有一位总统的选票超过选民总数的 62%！

选举团（见下文）会以州为单位对全国投票走势进行分析。拥护民主党的州会被标上蓝色，而拥护共和党的州会被标上红色。现在，蓝营各州通常是西海岸沿线、五大湖区附近或者从华盛顿特区沿东海岸向北延伸至缅因州。红营各州基本在美国中心范围内。

近年来，两党分歧越来越明显，而且口水仗越演越烈，“两党合作”受到很大限制，常常造成政府工作僵局。

全国各地

表面现象往往有迷惑性。如果您看下美国地图，2012 年的总统选举红蓝划分似乎十分均衡，只是从区域面积上看的确如此。但是那些“变蓝”的州实际人口占到了 75%，他们给选举团很多好处，让他们把票投给了巴拉克·奥巴马。

但丁·奇尼和詹姆斯·吉姆佩尔在撰写《我们的拼布国家》时，曾做过研究，他们指出按照州来看待选举问题的方法过于简单，选民的观点其实是受其所在社区影响的。

联邦选举制度

四年一次的总统选举于 11 月第一个周二举行。当选者的就职典礼在次年 1 月 20 日举行。

技术上说，总统不是普选产生的，而是由 538 席的选举团选出的，局外人并不知情。按照人口比例各州都有一些选举团选票，人们投票时，实际上是在指示他们州的选举团把票投向他们支持的候选人。在多数州，选举团会把票全部投给得票最多的候选人。只有缅因州和内布拉斯加州会按照比例分配选票。候选人获得选举团 538 票中的 270 票就可当选总统。

美国简史

美洲的原住民是印第安部落，而且有证据证明，维京人早在十世纪就在纽芬兰定居了，但是如果不考虑这些因素的话，一般官方正式认可的“美洲大陆的发现者”（国家规定法定假日以示庆祝）是意大利探险家克里斯托弗·哥伦布，他的西班牙赞助人都叫他克里斯托巴尔·科隆。1492 年，哥伦布误把这片加勒比群岛当成了盛产香料的东印度群岛，把当地人当成是“印度人”。历史上有很多航海错误让人们取得了意外收获，这算是其中之一。

新世界蕴藏大量财富的消息传到欧洲，于是开拓新世界殖民地的竞赛开始了。西班牙人宣布占领南方和西南方大片土地。法国人盯上了更靠近北部的毛皮生意。有意思的是，如今人口最为稠密的东海岸地区当时被认为是蚊蝇满地，不适宜居住的地方。离开南北卡罗来纳州，沃尔特·雷利建立了罗阿诺克殖民地，但是后来整个海岛上的居民神秘地消失了。欧洲人喜欢上香烟后，英国人转运了，1607年，英国人在詹姆斯敦建立了第一个殖民地，在那里种植这种经济作物供英国王室享用。18世纪中叶，英国殖民者在缅因州到佐治亚州的东海岸上建立了十三个殖民地。

典范社会

普利茅斯殖民地，也就是当今的马萨诸塞州，就是其中之一。这个殖民地是由清教徒建立的，他们属于基要派，为逃避英国教会的迫害来到新大陆。他们的首领——约翰·温斯罗普认为他们的自治社区应该成为新大陆上的“典范社会”。美国人从这些清教徒身上继承了这一理想，就是要把国家建设成为世界典范，建设成为“山上熠熠

生辉之城”，受到万国敬仰。

欧洲人对这片新大陆的野心最终导致了七年战争（1757年—1763年），通过这场战争英国占领了加拿大和密西西比河以东的北美地区。虽然取得了胜利，但是英国在这场战争中损失惨重，于是英国政府决定提高对美国的征税。作为回应，殖民者提出统一口号——“无代表，不交税”，1773年，为了反抗英国暴政，反抗对茶叶征收的不公平税费，他们把托运的茶叶倾入波士顿港。

起义与独立

反对课税的抗议逐渐升级、剑拔弩张，但是直到1775年4月19日战争才打响，当时英国士兵在马萨诸塞州的列克星敦市与殖民地反叛武装交火，美国独立战争打响。

1776年7月4日，十三个州的领导人终于为了共同的事业联合起来，批准了《独立宣言》，并于两天后签署了该宣言，确定了国家自主权。

有些亲英分子始终效忠英国皇室，但是其他殖民者私下里得到法国、西班牙与荷兰共和国的支持，从而控制了这个国家。一支英国海军在纽约登陆，冲突一度进入僵持状态，但是1777年英国从加拿大开始的入侵失败，这导致了英军在萨拉托加的惨败，之后法国开始公开支持起义军。1781年，英军在弗吉尼亚州的约克城又遭惨败，不得不屈膝投降，这标志着新美国和其欧洲盟友的最终胜利，但是，战争一直持续到两年后《巴黎和约》签署才结束，从此一个独立国家宣告成立。

国家诞生

战争时期的《联邦条例》是为团结各个殖民地而制定的，但是并不适用于战后国家治理中出现的各种问题。所以，在1787年各州代表（后被称为国家的“开国元勋”，千古留名）在费城召开会议对该条例进行修改。代表们更喜欢用开始新的篇章来比喻这个新建的独立国家，最终在1788年美国宪法诞生，自其获准之日起，这部宪法为美国提供了政治和法律框架。第二年，独立战争时大陆军的指挥官乔治·华盛顿当选首届美国总统。

昭昭天命

摆脱了殖民统治者的束缚，美国开始向西部扩张。1803年，托马斯·杰斐逊总统从囊中羞涩的拿破仑政府手中以每英亩3分钱的便宜价格购得了路易斯安那领地，成倍扩大了国家领土，西部边界直达落基山脉，并获得了密西西比水道的使用权。十九世纪中叶，一系列的领土战争和土地条约之后，俄勒冈州、华盛顿州、得克萨斯州、新墨西哥州、亚利桑那州、加利福尼亚州、犹他州和科罗拉多州纷纷加入联邦大家庭。

美国人认为征服整个北美洲是他们的“昭昭天命”。然而，随着大批移民、淘金者和牧牛人涌入西部，给那些很久以前就开始在这片土地上繁衍生息的美洲原住民带来了毁灭性的打击。整个十九世纪，各种土地交易骗局、政府欺诈和流血冲突将美洲原住民的土地从他们手中无情夺走。《印第安人迁移法案》（1830 年）强制要求各部落从他们东南部的家乡迁往俄克拉荷马州指定的“印第安人保留区”。人们永远不会忘记那条迁移路线和艰难的行程，并形象地称之为“泪水之路”。

后来颁布的《宅地法》（1862 年）吸引很多移民迁到免费的政府土地上，挑起了他们与大平原部落的冲突。从 1862 年到 1876 年，为保护新开辟的农业殖民地，美国军队与夏安族、阿拉帕霍族和苏族战火不断。这些战役包括卡斯特将军在小巨角河的“最后一站”，他带领一支美军为保卫美国土地而战，最后被苏族团团围住，全军覆没。现在，南达科他州仍在建设疯马酋长（小巨角河战役中印第安人首领）纪念碑，这座纪念碑硕大如山，象征着印第安民族当年顽强的抵抗和心碎的历史。

美洲原住民

欧洲殖民开始时，美洲原住民人口估计有 450 万，但是由于领土征战、疾病和政府保留地的限制，到 1920 年时，他们的人口只剩下 35 万了。

现在，绕了几次弯子之后，政府、社会（甚至好莱坞）都承认美国在移民潮流中铸下了大错。失业、文盲和贫穷依然是美洲原住民面临的巨大挑战。然而他们却有着坚韧的精神：2000 年人口普查显示，美洲原住民人口现已达 300 万。他们中的很多人在延续自己文化传承的同时，也为美国社会做出了独特的贡献。

在西南或平原各州旅游时，要想了解美洲原住民的文化和生活方式，您就要认真聆听、自己观察，而不要只是一味拍照。

南北战争

南方的“黑奴制度”开始于 17 世纪初，当时非洲人被强行运到美国并被拍卖，代替贫穷白人和美洲原住民成为“契约仆役”。随着南方农业经济的发展，从 1619 年到 1865 年，三百万黑奴被卖到美国，在南方的烟草、甘蔗和棉花种植园里做苦役。

奴隶制就像一把楔子深深插入南北方的政治和经济部门。北方各州人口稠密，其农场和工业不太需要奴隶，所以在 1804 年他们废除了奴隶制度。1808 年以后，美国国会宣布奴隶进口是违法行为，但是各个州可以自行制定政策是否继续奴隶贸易和“雇佣”。随着西部各州相继获得承认，他们纷纷加入北方阵营，成为“自由之州”，南方感到政治和经济大潮开始对他们不利。

在反对奴隶制的斗争中，北方占领了道德制高点，而南方则是以反对奴隶制运动会把国家经济和社会结构推向危险边缘为借口，对北方进行反击。当反奴隶制战士亚伯拉罕·林肯当选总统时（1860 年），南方各州发起挑衅，宣称脱离美国联邦，成立南方邦联。

随后四年的内战（1861 年—1865 年）是一场实力不等的竞赛。北方主要以工业生产为主，在人力上占有优势，而且还具有精良的通讯系统和生产基础设施；而以农业为主的南方只有优秀的将领和钢铁般决心。1864 年，谢尔曼在亚特兰大击败南方军队，随后横扫整个南方地区。1865 年，南部邦联投降。1866 年，美国正式废除奴隶制。美国历史不算长，而南北战争可能是其中最悲惨的一个篇章，60 万人死于这场战争。林肯总统没能够看到胜利的曙光，战争结束前，他就遭到暗杀遇难了。

工业时代

满目疮痍的南方挣扎着开始重建工作，恢复萧条的经济，建立新的社会秩序。虽然奴隶制度已经废除了，但是重获自由的奴隶和他们的后代仍然面临艰难困苦的生活和种族隔离与歧视。

北方的命运截然不同，工业革命让美国华丽变身，成为重要的经济强国。新兴的商业巨头，比如 J · P · 摩根、约翰 · D · 洛克菲勒和安德鲁 · 卡内基，缔造了一个个庞大的银行、石油和钢铁帝国。美国新崛起的精英们聚集了大量

财富，建造了许许多多摩天大楼。他们声称自己只不过是“上帝财富的管理者”（而且也非常重视反托拉斯法），他们热衷慈善事业，经常慷慨解囊，在美国建立了优良的慈善传统。

十九世纪末，美国人口结构发生了重大变化。除了英国人、爱尔兰人、德国人和荷兰人，大批来自中欧的移民涌入东北地区的工厂做工，中国人则拿下了加利福尼亚的座座金矿。

交通运输和通信技术的改革进一步促使了美国的整体发展，同时给这个国家带来了更多的新机会。比如，越州铁路（1869 年）将西部的牛肉和小麦运到东部，又从东部带回更多开拓者和制成品。

随着美国的发展壮大，各大城市开始崛起，路易斯 · 沙利文打造的钢结构“摩天大厦”勾勒出曼哈顿岛传奇般的天际线。

孤立主义结束

美国国内稳固，成长为经济强国之后，决定向外扩张，增强其海外影响力。1867 年，美国从俄罗斯手中购得阿拉斯加。1898 年美国在美西战争中大获全胜，其影响扩大至加勒比海和太平洋，购得关岛、菲律宾群岛和波多黎各，并控制了古巴。但美国并未因此止步，而是继续扩大其伟大帝国，它吞并了盛产蔗糖的夏威夷群岛（1898 年），并打通了巴拿马运河（1914 年）。

我们已经注意到，说到美国商业扩张，美元从来不是“孤立主义分子”。但是，当说到其他国家的军事和政治事务时，美国一直奉行孤立主义政策，这一政策是 1823 年由门罗总统提出的。到 1917 年，也就是一战开始后的第三年，德国决定攻击中立国航运，这一举动促使威尔逊总统参战。大批美军加入支援了当时兵力已损耗殆尽的协约国，对 1918 年 11 月停战协定的签署起到了决定性作用。

大　萧　条

20 世纪 20 年代，美国经济高速增长，为满足大众消费开始大规模生产商品。亨利 · 福特首次推出了 T 型小汽车，一时间受到全国人民的喜爱。随着好莱坞电影的出现，“美国梦”的形象传遍世界各地。

但是经济疯长导致了投机买卖的猖獗。1929 年 10 月 24 日，股票市场崩盘，整个国家陷入大萧条。很多人生意破产，赔光了毕生的积蓄。农场主们也没能幸免，因为一场旱灾毁掉了他们的粮食和牲畜。富兰克林 · 罗斯福的新政使情况有所缓解，但是恢复过程极其缓慢。

王朝继位真的结束了吗？

“FDR”——富兰克林·罗斯福总统，是其前任“泰迪”罗斯福（译者注：即美国第26任总统西奥多·罗斯福）的亲戚，但只是远房亲戚，他们是第五代表兄弟。奇怪的是，FDR 的妻子埃莉诺与泰迪·罗斯福的亲属关系倒是更近一些——她是他的侄女，所以在嫁给富兰克林前，她的姓就是罗斯福。

其他有亲属关系的总统还有亚当斯总统（父亲与儿子）、哈里森总统（祖父与孙子），当然还有布什总统（父亲与儿子）。

第二次世界大战

1939 年 9 月，英国向德国纳粹政权宣战，美国的孤立主义又一次受到考验。美国的顽固执拗最终导致 1941 年 12 月 7 日日本偷袭夏威夷珍珠港，这一事件促使美国一夜之间加入第二次世界大战。欧洲大陆上的征战终丁在 1945 年

5月停止了，而太平洋上的战火一直燃烧到1945年8月才结束，当时美国向日本的广岛和长崎投下了两颗原子弹，迫使日本投降。美国辩解称，如果其当时入侵日本势必给双方都造成更大的损失。

冷　　战

如果任何人有任何怀疑，那么通过马歇尔计划的实施（1947年）和北约组织的建立（1949年），美国将其大量资金和军队投入民主欧洲的重建和防御中，这标志着美国孤立主义的结束。

战后东欧极权政体的快速扩张以及共产党取得中国领导权，这一切都给美国敲响了警钟。杜鲁门总统一味执行“遏制共产主义”的外交政策，为证明其正确性，他命令参议员约瑟夫·麦卡锡调查并揭发生存在美国土壤上的“共产主义危险分子”。

因为担心亚洲共产主义影响力扩大，于是美国武装干预韩国（1950年—1953年）和越南（1964年—1975年）。苏联与美国为争夺“超级大国”的地位展开了激烈竞争，直接导致了原子弹和核武器的扩散。1962年，经过一系列对抗后，肯尼迪总统命令苏联撤走在古巴基地的核导弹。

一段紧张的对峙过后，苏联领导人赫鲁晓夫做出让步，避免了核战争的爆发。正当美国上下为之欢庆时，次年这位深受人民爱戴的年轻总统就被一名苏联同情分子暗杀了，全国陷入极度悲伤之中。

动荡的六十年代

肯尼迪总统遭到刺杀后，林登·约翰逊顺应民意当选总统，他出台了一项大胆的民权立法方案，结束了种族隔离制度。但是美国在越南战争中越陷越深，人们的意见出现两极分化，越来越多的人认为为了扼杀远在地球另一边的共产主义而牺牲 58000 个美国人的生命太不值得。面对不断增加的压力，尼克松总统与北越政府在 1973 年签署了和平条约。美军回国后，国家对他们漠不关心，直到 1982 年，战争的创伤才逐渐恢复，并在首都建立了越战纪念碑，纪念阵亡士兵。

马丁·路德·金博士是人权运动继续进行的倡导者和领导人，但不幸的是，在 1968 年，他回到家后被人刺杀。同年，另一位社会活动家——参议员罗伯特·肯尼迪也被暗杀。

六十年代“反主流文化”还促使了妇女权益、同性恋和移民劳工权益的进步。1969 年，美国人成功

登陆月球，这一珍贵时刻唤起了美国人民团结一致的情感，结束了动荡的六十年代。

水门事件到白水事件

尼克松总统外交政策上的丰功伟绩因水门丑闻被彻底抹杀，他不得不在 1974 年辞去总统职务。吉米 · 卡特总统（1976 年—1980 年）虽然在戴维营促成了《埃以和约》的缔结，但是能源危机和伊朗美国人质事件令他的政绩黯然失色。连任两届的里根（1980 年—1988 年）是位深受人民爱戴的总统，他推出一项保守的社会议题——干涉主义外交政策，还因为减税造成大规模赤字。

20 世纪 90 年代初期，因为伊拉克侵占科威特，乔治 · 布什总统（1988 年—1992 年）发动了名为“沙漠风暴”的技术战，美国的海外政策转为军事干涉型。虽然在海外战场上取得了辉煌胜利，但是布什总统还是受到了来自国内的巨大压力，正是利用这一点，比尔 · 克林顿击败布什当选总统（1992 年—2000 年）。尽管克林顿因性丑闻饱受诟病，不过在他两届任期中公众支持率却相当稳固，这主要得益于经济的蓬勃发展。

9 · 11 事件及以后

进入二十一世纪以后，美国成为了世界上唯一的超级大国，但是却结下了一个不知名的新敌人。2001 年 9 月 11 日，纽约世贸中心被撞毁，华盛顿特区的五角大楼也遭到破坏，这一毁灭性打击导致2800人死亡，总统乔治·W·布什（2000年—2008年）——前总统乔治·布什的儿子，对阿富汗和伊拉克采取军事行动。海外反恐战争和处理国内“9·11”善后事宜成为布什两届任期内的主要任务。2005年，飓风卡特里娜直击新奥尔良市，防洪措施全部失效，整个城市毁于一旦。

2009年，民主党人巴拉克·奥巴马当选为第一位非洲裔美国总统，这是极具历史意义的一刻。当时的美国面临自20世纪20年代以来最严重的经济衰退，政治和文化局面也是日趋分化。一方面，在亿万富翁的财政支持和新型社会媒体的协助下，右翼茶党走上街头和城镇广场举行示威要求政府采取保守的自由主义政策；另一方面，左翼党发动了占领华尔街运动，抗议大财团无耻敛财，有些人认为正是这些财团的缘故才导致了金融风暴的发生。2011年，实施9·11袭击的伊斯兰极端组织“基地”组织的创始人——奥萨马·本·拉登被美国海豹突击队在其位于巴基斯坦的藏匿地点击毙，但是美国与众多伊斯兰国家的关系依旧十分紧张，使得美国的外交面临巨大压力。2012年，奥巴马再次赢得竞选，成功连任。

为什么是“9·11”？

曼哈顿市中心的世贸中心双子塔被彻底摧毁，五角大楼也遭受重创，人们称这一天为“9·11”事件。要明白原因，您必须了解两件事情。

首先，美国人的日期写法一般把月份放在日期前面，比如：2001 年 9 月 11 日，美国的顺序是 9 月 11 日 2001 年，而不是 11 日 9 月 2001 年。缩写的话就是 9/11/01。（而在英国这种写法是表示 11 月 9 日。）

其次，美国统一的急救电话是 911，读作“九一一”。而那个日期的数字读作“九，十一”。但是这一特殊巧合，让其成为恐怖和悲伤的标志，使每一个美国人都不会忘记。

第二章

价　值　观

美国人最在乎的东西到底是什么？由于美国地理距离跨度非常大，人口有3.15亿，而且其个人主义世界闻名，所以这一问题似乎很难概括回答。然而，早期移民的特质，独特经历以及后续的移民浪潮已然造就了美国独具代表性的价值观。

美国理想

1995年，西摩尔·李普塞特在他的《美国例外论》中指出美国是世界上唯一一个以一个信条立足的国家。在别的国家，人们是因为出生在那里才拥有那个国家的国籍，但美国不同，成为一名美国人是一种更加自觉的行为，是对一系列价值观和生活方式的思想认同。

不管有着怎样的不同背景或动机，自愿去美国的人们因相似的信仰和相同的使命紧紧团结在一起。他们拒绝接受国家强制信奉的宗教，也不喜欢中央集权的政府或严格的阶级结构。他们的理想就是拥有按照自己信仰生活的空间和自由，政府不能横加干涉。他们坚信道德品行和努力工作会让人类和社会不断进步。每个人权利均等，因为每个人都有掌握其命运的自由。这些自由平等，甚至还有“追求幸福”的指导思想都是美国早期领导人创建并加强的。之后在《独立宣言》和《宪法》中，这些思想被制度化，从那以后就成了美国公共政策和国家价值观。

机会均等

早先，美国人决定将他们的新国家建设成为一个精英社会。《独立宣言》中首次提出“人人生而平等”，意思就是强调不论种族、宗教或背景，每个人都应享有平等的成功机会。攀登成功阶梯的机会不应仅凭出身高低而定，而是要积极争取和坚持不懈地追求。想要全部实现这一豪言壮语的确需要花费很长一段时间，但是美国现在已经清除了性别、种族、宗教和民族的重重障碍。

请不要将机会均等与平等主义（另一个重要的美国价值观）混为一谈。托克维尔在他的《论美国的民主》（1835年）中曾经说过美国人重视机会均等而不是说所有人都有同等条件。根据美国人的个人主义思想，他们相信有能力再加上努力就会得到成就的奖赏，那种认为政府应该出面取消社会和经济不平等的想法，在他们看来不以为然。与其成为欧洲式的福利国家，美国更愿意通过建立弹性的教育制度，让人人都有受教育的机会，从而创造公平的竞争环境，提高人们的上进心。

个人主义

掌握自己命运的权利是美国人十分重视的价值观。他们会拼尽全力捍卫自己的权利和自由。顺从的日本人认为“枪打出头鸟”，而美国人却相信“爱哭的孩子有奶吃”。换句话说就是，大声表达，让别人注意到您，您的需要就能得到满足。

一个奉行个人主义的国家又是如何成为紧密合作的团队的呢？美国人对于“团队”协作的理解跟一些国家的集体主义大不相同。在全心全意为团队目标奋斗的同时，个人也可以借助团队成员的身份优势推进自己的个人议程，即展示他们的个人才能。当明星球员拿到大头时，从会议室到衣帽间的每个人都希望凭借其个人贡献得到相应的奖励。成为团队一分子是件让人开心的事，而且大家一起努力可以做成很多大事，但是终有一天，您必须“为自己着想”，当这个团队与个人目标不再一致时，就该结束这种联盟，继续寻找下一个机会，“不附带任何限制”。

美国人喜欢自愿参加有地方性的社会和集体活动。一位傲慢但却慷慨的出资人可能会全力支持教堂扩建项目或社区慈善事业，但当政府把税收所得都用于战争时，他就会大张旗鼓地表示反对。现在，个人主义思想有愈演愈强之势，这正如《纽约时报》保守派专栏作家大卫·布鲁克斯所说：在1987年罗纳德·里根总统第二届任期中，62%的共和党员认为政府有责任帮助那些无法自助的人。但到了2012年，这一数字降低到了40%。

自力更生

因为信奉个人主义，再加上早期移民经历的艰难困苦和外界的孤立，美国人非常看重自力更生。贝内特和斯图尔特在《美国文化模式》中列举了狂野西部的传说故事，孤独的牛仔或拓荒者单枪匹马制服歹徒，伸张正义等。他们提出现在这种神话般的孤独侠是“孤独的侦探或愤世嫉俗的老百姓，对现在的社会制度不满，所以亲自出面维护法律和秩序”。

显而易见，早年间“上帝帮助自助者”的想法造就了美国人的职业伦理。现在，这一观念已经发展成为一种心态，在面临今日各种压力和挑战时要“自立”，凭借自己的力量去寻找解决方法。教子有方的美国家长在孩子成长过程中抓住任何机会向孩子灌输这一思想，然后把他们推向社会，让他们自己闯出一番天地。老年人也更喜欢自立，他们宁愿住在退休社区或养老院，也不愿依靠家人生活。

同样地，人们会为身体或智力上有障碍的人士提供实用性辅助设备，好让他们独立生活，并发挥出他们所有的潜质。

人民之声

殖民时期的美国，因为当地居民常常在市政厅开会商讨社区事务，所以民粹主义深深植根于这个国家。当时遥远的殖民当局对美国上上下下横加干涉，为反抗这些暴政，美国人建立一种从基层向上传递的机制，用亚伯拉罕·林肯的话说这就是一个“民有、民治”的政府。

如今，跟其他国家相比，美国有更多官职是选举出来的，而且美国举行的选举和投票活动也更频繁。《经济学人》估计在每四年的选举周期内会有100万次选举活动。公民可以在市政会议上发言，参加当地学校建设，从事各项事业，并且还可以参与“基层”政治活动。

平等主义

因为一贯信奉“人人生而平等”，所以美国人的社会关系也是建立在平等尊重和不拘礼节上的。给您举一个早年的平等主义实例，1789年国会决定仅用“总统先生”称呼乔治·华盛顿。现在人们称呼公司的CEO也不过是比尔或梅格，电话推销员也会直呼您的大名。

那么美国是一个没有阶级之分的社会吗？是，也不是。

虽然社会分层的确存在，但是在美国，阶级是个完全不同的概念。在传统的欧洲社会，阶级指的是从先辈继承而来的地位。但是在美国，阶级是后天获得的地位——是通过努力和成就而得到的地位。也就是说社会身份不像阶级，界定它的不是口音、从属关系或地理位置，而是金钱和权力，对于美国人而言，这些才是地位和成功的标志。不仅如此，美国人很少对权威表现出顺从，因级别而享受的特权也更少。

超过一半的美国人认为自己是“中产阶级”，越来越多的人用这个政治标签来指代那些努力工作、奉行美国价值观的人们，他们希望自己的家族不断发展壮大。社会底层不再用某种工作地位来定义（即管理或职业地位），也不再通过教育成绩甚至收入水平来定义，这一名词包含很多人，在其他国家可能被认为是“工薪阶层”。

职业道德

早期移民遵守新教徒的职业道德，这是一个清楚明白、振奋人心的等式：努力工作带来有道德的生活、精神上的满足，最终获得以物质形式呈现的上帝赐福。本杰明·富兰克林（一位开国元勋，但从未当过总统）在《穷理查年鉴》（1736年）中概述了很多美国人的职业道德，书中创造的很多言语至今仍在沿用，比如“早睡早起让人健康、富有、睿智”“时间就是金钱”等。现在，美国一年的平均工作时间比绝大多数欧洲人要多。

有的国家人们“为生活而工作”，工作仅仅是他们生活中的一个层面，美国人不一样，对于很多人来说，工作是他们自我认同感和自我价值的核心。甚至那些原本可以不上班的人也会去工作。2009 年皮尤研究中心的调查显示，92% 的美国人认为努力工作是成功的关键。

在这个天府之国，成功不能让他人买单——当然不包括美洲原住民的遭遇和拥有奴隶的南方。毫无疑问，有些人因为出身特权阶层，从而“平步青云”。但是，理论上来说，在这个靠社交推动的社会里任何人都能发财或念哈佛。实际上，美国人敬佩那些白手起家、克服重重困难获得成功的人。这就解释了为什么在享受“某人的劳动果实”时没有丝毫愧疚感，以及为什么美国人可能羡慕有钱人，但是绝对不会仇富。但是，在很多美国人遭受经济困难时，人们渐渐意识到富人和普通人的收入差距一直在不停扩大。

工作：1. 让我们远离麻烦；

2. 是上帝为防止恶魔出现而做的安排。

——《罗伊克罗夫特字典和讽刺短诗集》

保守主义与道德规范

40% 以上的美国人认为自己是“保守派”，他们差不多形成共和党的拥护者，该党主要致力于降低税收，限制政府干涉以及缩减政府开支——不惜一切维持强军建设除外。罗纳德·里根总统深受人民爱戴，他执政的时期是美国右翼政党的黄金年代。

不过，保守主义不仅仅是一种政治观点。在美国，保守主义有其特殊意义，包括其信奉者的社会、文化和宗教生活等多个方面。自力更生和个人主义等基本价值观与人们对传统和法律绝对尊重是融合在一起的。新教福音教堂以圣经为中心的道德教育更加强化了保守主义思想，人们信奉清教价值观，但是不相信世俗主义和对上帝创造人类历史提出质疑的任何科学思想。

美国人的道德观就只是道德问题，没有掺杂其他东西。在欧洲堕胎和同性恋等权利问题被列为政治事务；而在美国这些被定义为道德伦理问题，美国民众对这些问题的看法不同，常常会为此引发激烈辩论。正如李普塞特所说战争犹如民主主义与邪恶帝国展开的道德运动。

欧洲人觉得总统小小的性过错无伤大雅；而美国人却希望国家领导人具有最高水平的道德品行（虽然他们可能喜欢听午夜滑稽演员拿总统来开玩笑）。

保守主义占优势的“共和党选区”集中在美国中部地区。纽约州和加利福尼亚州的大城市是自由主义的温床，作为游客，如果您只和那里的美国人打过交道，您是无法领略美国全部的社会和政治图谱的。

这一切对游客意味着什么呢？许许多多、各种各样因州而异的“道德”议题，以及永无休止的关于这些议题的国家共识。欧洲游客可能会觉得惊奇，因为这些在他们看来都是过时的问题了，他们更接受枪械管制，也更相信全球变暖的事实。

回馈社会

1960年，约翰·F·肯尼迪在就职演说上劝诫美国人民“不要问你们的国家能为你做什么，而要问问你能为你的国家做什么”。其实他不说大家也知道，美国人在崇高事业上贡献的时间和金钱比其他任何国家都多。四分之一的美国人会定期做一些志愿工作。他们有着慷慨的性格和“勇担重任”的态度，虽然由于经济萧条有几年的慈善捐款稍微低了些，但是2011年美国的个人和企业的慈善捐款还是达到了2980亿美元。（给非盈利组织的慈善捐助往往是免税的，这些组织可能从事文化、教育、宗教或医疗研究等事业，也有的是为穷人施舍财物。）

第一批志愿组织是靠信仰建立的，它们负责许多社会福利计划，这些在其他国家是由政府管理的。现在，各行各业的人有的通过个人捐助，有的通过工作单位、学校和社区团体组织慈善活动。每个周末都有成千上万的人为对抗全球性饥荒举行跑步活动，或是为了给当地教堂安装新屋顶而举行漫步活动。忙忙碌碌的美国人会自愿花费时间去帮助那些需要帮助的人。很多年轻人在和平部队自愿服役，该部队由肯尼迪总统建立，目前已为将近七十个国家提供援助。美国志愿队跟和平部队差不多，但是其服役范围是在美国境内。

那么是什么让美国人总是这样慷慨呢？美国人用他们的技术和能量“回馈”社区，同时影响社区面貌。作为回报，他们的身心和钱包都得到一定锻炼，整个社会也会自给自足——不用依赖政府发放施舍。这对所有人都是双赢的做法。

勇担重任的精神

> 要是能行，连月光也要被美国佬用来干活。
>
> ——拉尔夫·瓦尔多·爱默生

当年，有这样一批特立独行的人，他们富有冒险精神和创业精神，他们四处寻找征服新的领域，正是他们建立了美利坚，他们发现了富饶的资源，建立了一个朝气蓬勃的社会。在这个社会中人们将不停变化视为己任，而这个社会得到的奖赏就是不停地进步。

“变化等于进步”的想法形成了一种未来导向的文化，这种文化看重那些“打破陈规”和“挑战极限”的进取者。只要有远见、有活力、坚持不懈，就没有做不成的事。正是因为这种信念，美国让人类登上了月球，其诺贝尔奖获得者人数世界排名第一，而且是第二名的三倍。正是因为这种信念，在引进全球实施的IT系统或洗衣粉新品牌时，人们自动自觉而且充满热情地接受并采用。如果是新事物，那就一定要改进。

宿命论认为厄运不可避免，而且人的命运变幻莫测。但对于美国人来说，这些都是迷信的胡言乱语。与其被动地应对，美国人宁愿主动出击，掌握控制权。金恩博士在《美国文化中的阴与阳》一书中指出“美国人沉迷于控制自己的命运，从健康到幸福”。他们已经完善了预报、诊断和控制生活方方面面的各种技术。

想要一切尽在掌控，让大自然站在自己一边一定会大有益处。很多文化是与自然和谐相处。但是美国人喜欢把大自然摁倒在地，套住它的脖子，让它为己所用。风、阳光和海浪都被转化成宝贵的能源；最先进的供暖和空调系统让阿拉斯加人和佛罗里达人全年都能享受相同的室温。

坚定不移的乐观主义和对未来的坚定信心不仅仅影响了美国人的行为，而且还让美国人十分自信向上——今天不错，而明天只可能会更好。

时间就是金钱

美国人喜欢控制一切，当然也喜欢控制时间。时间就是金钱，因此精打细算，不能有丝毫浪费。律师费按分钟算，电话费按秒算，连当地的新闻频道也打包票说他们能在一分钟内覆盖国际要闻。“提前完成任务”不仅可以节约时间，而且还能更好地组织和有效利用时间。智能手机之类的高科技时间规划工具成为美国人的新宠，Wi-Fi热点遍及全国，当您脑海中灵感激荡时，您的手机能随时点开tweet网站（社交网站）自然是最好的啦。由于时间上的压力，美国有很多关于时间管理的书籍和课程。那您是怎样节省时间的呢？当然是充分利用啊！常言道：“如果您想做成什么事，就把它交给一个忙碌的人吧。”安排周密的时间表最怕什么呢？“停电”——完全出乎意料，让您身陷困境，笔记本和手机统统不能用，很多待办事项不能完成，最终您只能消磨时光，这完全是对时间的亵渎啊。

多 样 性

美国人自豪地认为“多样性是力量之所在”。不过也存在一些挑战。随着立法和不断提升的社会意识，所有人都更加平等，无论其种族、信仰、性别、性取向或身体障碍。在一个移民国家，人们都为其多彩的先祖文化而备感自豪，各民族融合的过程可能就会放慢；但是通过人们对少数民族使用更多的敬语，随处可见的多语标牌和服务，以及企业在职场倡导多样性的各种举措，我们可以看出社会态度的变化。

美国实施的平权措施确保了用人单位和教育机构将一定招录名额分配给少数族群，政府想方设法利用这些措施解决社会不公问题。不过，也有人驳斥这些做法，认为这是“反向歧视”。如此一来，虽然社会经济不平等现象依然存在，歧视问题也始终未得以根除，但机会平等的理想却一直在不断提升。

爱国主义

独立战争结束后，把英国人赶走的美国失去了凝聚人民一起奋斗的共同事业，而且美国人又没有共同经历过长久的历史，因此急需形成民族认同感和团结精神，宪法和国旗很快成为爱国主义最有力的标志。

在游客看来，美国国旗似乎到处都是。它不仅飘舞在公共建筑外面，而且还为门前草坪增色不少。美国国歌讲述的是一个关于国旗的故事：1812 年英国炮轰巴尔的摩的麦克亨利堡，期间美国国旗始终屹立不倒，在华盛顿特区的美国历史博物馆中仍有对这段历史的记录；这首国歌象征着美国精神的伟大力量。小学生们要宣誓效忠国旗，而且当国歌奏响时，人们要起立，还有很多人会把手放在心口位置。

美国人喜欢把他们的国旗印在衣服上来表示自己的爱国情怀，那么在美国的游客遇到这种情况应该怎么应付呢？

顺其自然，不要冷嘲热讽，要对这些形成民族自豪感的历史文化给予理解。同时，在美国旅

游时，发现某个美国人（对游客来说）似乎不怎么了解外国风俗或习惯，那您也不必生气。虽然他们表面上好像不在乎美国之外的生活，但是他们会很有礼貌并且心甘情愿地向您请教一番。

永不褪去的色彩

星条旗不只是一面国旗。其他国家可能会有一位有名无实的君王或一大堆古老传统，但是对于美国人来说，“昔日荣耀”（即美国国旗）是迄今为止这个国家最有效的象征，它承载着美国人民庄严的爱国情怀。在很多民宅外面的旗杆上也会悬挂国旗，这不足为怪。

正如前面讲过的，国旗是国歌的核心内容，也是小学生每日誓言的重点。国旗上的条纹代表最初的十三个殖民地，五星代表当今州的数量（自 1777 年首次设计以来，美国国旗已经历过 26 次重新设计）。国旗的悬挂、折叠，甚至废弃都有严格的制度管理。

第三章 &

习 俗 传 统

政 教 分 离

在美国的颁奖典礼上，乡村和西部歌手们、嘻哈明星们、奥斯卡得主们经常会在他们的获奖感言中感谢上帝。美国精神生活的深度和广度可能会让很多外国人感到惊讶。跟美国文化的很多方面一样，美国的宗教充满了矛盾和悖论，新世界深受旧世界影响，但是又有很多惊人的差异。

当时，尚无经验的美国政府首先颁布的法案之一就是政教分离："国会不得指定关于确立宗教或禁止自由从事宗教活动的法律。"宪法的《第一修正案》从理论上确保了美国不会存在政府支持的官方宗教。但个人有任何宗教信仰的自由。

现实中，高等法院的法官们一直在致力于判定政府哪些行为是涉足宗教事务的（反之亦然）。但是，这里存在一个明显的矛盾之处，虽然在公立学校不能做祷告，但是学生们每天都要背诵"效忠誓言"，其中有一句话却是"上帝保佑国家”（虽然最后“上帝保佑”是 1954 年为表达反对共产主义才加上去的）。同样地，即便政府不应支持任何宗教，但是国会新会期开始时总是会做祷告，总统演讲结束时总是会说“上帝保佑美国”，而且 1956 年修改的国家法定箴言是“我们相信上帝”。争议的焦点在于用公民义务对抗个人良知，用美国人珍视的一种价值观对抗另一种价值观。

宗 教 信 仰

83% 的美国人信仰某种宗教（尽管只有 9% 的人认为宗教信仰是其生命中最重要的事情），而且将近 40% 的人说每周都会参加宗教礼拜。美国的宗教一直以来都是自愿参加的，信教是个人意志的选择，就如同个人良知一样。也许这可以解释为什么美国人特别遵守宗教教义，基要主义如此根深蒂固，而且美国有那么多种宗教。因为有大约 190 种宗教派别，所以美国宗教是买方市场，美国约有一半的成年人会在一生中改变他们的宗教信仰，28% 的人会在长大成人后放弃以前的信仰，而改信其他宗教，或者彻底放弃宗教信仰。

2010 年，新教教派占人口总数的 51.3%。但是值得注意的是，新教教义各不相同、差异较大，一方面有正式的圣公会和严格的路德教教义，另一方面有南方浸礼会生气勃勃的福音歌。很多“福音派”基督徒接受兴盛神学，即教导人们相信上帝想要我们富有，这恰恰符合美国保守主义价值观。巨型教会吸引了成千上万的信众，其他各部利用电波，组织电视福音布道活动，传播教义并寻求捐助。

天主教依然是信众人数最多的单一教派，占人口总数的 23.9%。很多天主教家庭把孩子送入（天主教）教会学校，这些学校的学业和纪律要求比较严格，学生们可以自由参加宗教礼拜。

美国犹太教信徒有 650 万，他们大多属于三大教派（即东正派、保守派和改革派）之一，东正派在饮食、生活方式和宗教习俗上要求最为严格，而改革派是最为自由的。很多犹太教孩子上的是公立（政府）学校，在希伯来学校接受宗教训导。也有很多非宗教犹太人，但是他们有强烈的认同感，而且来自犹太人社区。

非基督教宗教中，佛教、伊斯兰教和印度教差不多，都有不到 1% 的美国信众。历史上，很多非洲裔美国人皈依伊斯兰教。9 · 11 恐怖袭击之后，因为他们与某些伊斯兰教组织有联系，美国确实担心国内出现极端主义，这也可以理解。但是，美国的穆斯林已经很好地融入社会，而且对把他们的宗教与“西方人”分割开来的问题持温和态度。

美国包容和革新的大环境促使早期移民进行更多的新式宗教运动。现存的例子有末世圣徒的基督教会（摩门教）、安息日会以及耶和华见证会。虽然很多虔诚的美国人质疑这些教会是否是真正的“基督教”派别，但是 2012 年共和党总统候选人米特 · 罗姆尼竞选失利的原因跟他信奉的摩门教绝对没有丝毫关系。

美国人或许有一种共识，不管他们的信仰如何，他们都认为教会应承担主要责任进行社区建设、处理社会问题并帮助被剥夺公民权的人。许许多多来自宗教组织的志愿者给饥饿的人发放粮食，为无家可归的人提供庇护，并且还照顾儿童和老人。

有些较为严格的宗教派别的信众仍然团结紧密，行动整齐划一，从他们特殊的着装上很容易辨认出来，比如宾夕法尼亚州的孟诺教派和纽约州的哈西德教派。但是，总的来说无论是宗教派别还是信奉程度都很难从外表和生活方式上做出判定。提醒您一句：多数美国人不喜欢谈论他们的宗教信仰，所以这是一个禁忌话题。

新型混合宗教

多元文化共存的美国一向善于调整融合由移民带来的各种文化传统，这就创造了美国迷人的混合菜系、混合音乐，甚至是混合宗教。美国人追求精神满足，很多人认为这与美国人其他的理想是分不开的，比如控制命运、自我实现，以及再造的能力。

很多美国人不再是一神论者，相反他们吸收了各种传统信仰体系、东方哲学和新世纪的做法，创造了“精选混合”的方法来满足精神和生活方式的各种需要。过去认为是“备选”的医疗、锻炼和饮食形式，现在成了主流。

婚丧嫁娶、生老病死

宗教信仰同样影响着美国人的婚丧嫁娶、生老病死等各种仪式。跨宗教婚姻是常有的事，经常会有一位牧师和一位拉比共同主婚，或由一位特许“婚礼主持人”主持世俗仪式。婚礼形式通常由个人喜好和资金预算决定。美国人的婚礼可以在任何地方举行，甚至在后院里也能举行婚礼。婚庆方式各有不同，有加利福尼亚海滩上的新时代赤脚婚礼，也有芝加哥的希腊东正教程式化的婚礼，还有在纽约大酒店举行的服饰精美的婚礼。多数地方的主婚人是持证牧师或治安法官，但是有些州也会给其他人颁发主婚人证书。

婚礼通常要经过精心安排，教堂设有宾客入口或接待处，一般是用舞曲开场，伴郎伴娘随之起舞。就连未来的双方家属也会在婚礼上出尽风头。

美国有一个常见习俗，家人、朋友和同事会向准妈妈或准新娘送上一个惊喜娃娃或结婚礼物。这包括与宝宝或婚礼有关的装饰品、游戏和蛋糕，还有客人们送的各种礼物。

此外，美国人生活中还有一些宗教性质的重要仪式，比如基督教的初领圣体，犹太教的男孩女孩成人礼。其他的诸如西裔成人礼或 15 岁女孩生日派对都是民族仪式，不过，所有文化中都会精心安排“16 岁花季”女孩的生日庆祝活动。对于年轻人来说，最喜欢跟人分享并深情怀念的可能要数毕业舞会了。这是他们在 18 岁时为庆祝高中毕业举行的舞会，也是他们生命中的里程碑。

应对自如

不仅只有婚礼！美国人所有事情都要庆祝一番，他们大张旗鼓地举行典礼，提高了各种节日的重要性。一些像情人节和万圣节之类的重要年度节日，人们也会举行隆重的庆祝活动。连幼儿园也会举行毕业典礼。孩子们的奖杯把家里的展示柜塞得满满的，有时候仅仅因为在某个体育活动上露了一面，他们就会得到奖励。甚至在超级碗比赛中用抛硬币决定谁开球也会有段迷你秀，电视画面中会出现一排嘉宾观察员和一枚特制的硬币。

这些不断提升的重要时刻是否在提醒我们，独特的美国文化仍在形成中呢？或者这不过是被美国人永不熄灭的乐观主义而激发的对人生重要时刻的热忱呢？

节假日有哪些，怎么过

虽然多数美国假日是全国范围的，但实际上每个州有每个州的规定，而且过节方式也受到宗教信仰、种族背景和地域文化的影响。事实上多数州都过联邦公共假日。在法定假日里，学校、商业零售银行、私营企业和政府机关都会关门歇业。（在某些假日里，股市可能不会关闭。）运输和其他服务业也会缩减工作时间。

有些节日是美国独有的，比如感恩节和独立日。移民带来了很多宗教或民族节日，虽然它们不是法定假日，但却承载着独特的美国特性。圣帕特里克节就是一个很好的例子，在这个节日里，不管哪个种族，所有美国人都会穿上一身绿色衣服，也可能把平常不是绿色的东西涂成绿色，并声称自己是爱尔兰后裔！

愤世嫉俗的人可能会说，很多节日特别是宗教节日，已经失去了它们原来的意义，而且要不是家庭传统和商场促销，人们恐怕早就把这些节日忘得一干二净了。不过确实是圣帕特里克节绿啤酒刚一喝完，商店橱窗里的印着“吻我吧，我是爱尔兰人”的塑料帽子就换成了复活节彩蛋。

撇开愤世嫉俗的人不说，没有人比美国人更会组织游行，没有人比美国人更爱那些华丽堂皇的节日色彩，没有人比美国人更具有假日精神。假日为美国人提供机会来展示他们的爱国情怀，并且让他们团聚在一起再次确信他们的团结一致。比如，在阵亡将士纪念日、退伍军人纪念日和总统日，到处都可以看到“昔日荣耀”——美国国旗。节假日也标志出季节的节奏。阵亡将士纪念日和劳动节是夏季的开始和结尾（后一个节日里是学生们忙着采购返校用品的时间）。

主要节假日	
元旦★	1月1日
马丁·路德·金纪念日★	1月的第三个星期一
情人节	2月14日
总统节★	2月的第三个星期一

（续表）

主要节假日	
圣帕特里克节	3月17日
复活节假期	日期不定
阵亡将士纪念日★	5月的第四个星期一
独立日★	7月4日
劳动节★	9月的第一个星期一
哥伦布纪念日★	10月的第二个星期一
万圣节	10月31日
退伍军人纪念日★	11月11日
感恩节★	11月的第四个星期四
圣诞节★	12月25日
★这些一般是公共假日。如果某一固定日期的假日碰巧是周末，那么其前面的星期五或后面的星期一通常作为假日放假。	

除了国家假日外，还有各种其他活动，有的是小城镇举行的庆典，也有的是全国性活动。街头大游行的队伍最前面通常是鼓手队长带领的军乐队，这是美国特有的个人主义、竞争和团队合作相互融合的现象。

凡是对社区成立有重要意义的事件，社区都会热烈庆祝。他们实际上会为每一种食物、每一支舞蹈和每一个族群举行庆祝活动。北方有波尔卡舞节，南方有鲶鱼节，几乎每个州都会举办德国啤酒节！

情人节（圣瓦伦丁节）——2 月 14 日

历史学家对谁才是真正的圣瓦伦丁存有争议，但是第一张商业情人节卡片却是在 19 世纪早期由一位美国人——爱丝特·霍兰德寄出的！2 月 14 日这天，美国人给他们的爱人送卡片、鲜花和蜡烛。虽然不是国家假日，但是这一天送出的邮件却赶超圣诞节。情侣们会共进浪漫晚餐，而且这一天也是求婚的最佳时间。同学以及父母孩子之间也会互赠卡片和礼物。

7 月 4 日

这是一个典型的美国节日，它是为了庆祝 1776 年 7 月 4 日《独立宣言》的签署。全国上下插满星条旗来庆祝祖国的生日。从 T 恤到桌布，所有东西都是红白蓝相间的。亲朋好友聚在一起，一边欣赏着室外音乐会和灿烂的烟花，一边吃烧烤和野餐。精选的热狗、汉堡包、玉米和苹果派是体现爱国主义的美食。

万圣节——10 月 31 日

在万圣节（万圣节前夜——原本是异教萨温节，或“夏末节”），人们把糖果放在外面用以安抚亡灵，传说这些亡灵会在万圣节前夜出来四处游荡。现在美国的万圣节虽不是国家假日，但是已经成为一个高

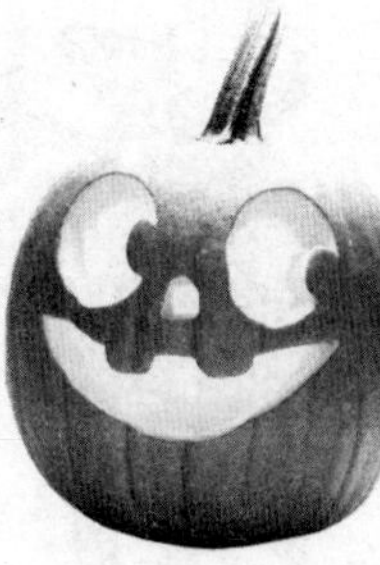

度商业化的节日了。人们会把原本用于放松身心的郊区民宅装饰成鬼屋，再配上些蜘蛛网、骷髅和女巫什么的。孩子们穿上各种服装装扮起来，青少年会装扮得恐怖血腥，而小孩子们则会把自己扮成卡通人物或超级英雄。他们挨家挨户说“不给糖果就捣蛋”——要来糖果就不会对这家主人搞恶作剧。

如果您在纽约市，请不要忘了去格林尼治村别出心裁的万圣节游行看看，在那里“任何事情都可能发生”。

感恩节——11 月的第四个星期四

感恩节是北美特有的节日，起源于早期移民感谢丰收使他们得以活下来。感恩节假期是全年人们出行最密集的时段，家人团聚在一起，尽享传统的本土美食盛宴，独具特色的火鸡和香料、小红莓果酱、蜜番薯和南瓜派。新的感恩节传统从清教徒时期就开始了，感恩节大餐之前人们通常会看早上电视直播的梅西（纽约）感恩节游行，大餐之后的下午，人们会看大学橄榄球比赛（厨师可就受委屈啦！）。

因为美国感恩节一直是在星期四，而且很多家庭要去离家很远的地方过节，所以接下来的星期五也是假日。那么除了着手准备圣诞节之外，该如何度过这个星期五呢?答案是“黑色星期五”。这是全年最热闹的购物节，也是商家大促销并派送赠品的好日子。您的感恩节火鸡吃完了吗?那就带上您的野营板凳杀到购物中心，争取排在队伍前面，好等到商店早上4点钟开门时抢一个20美元的iPad！

圣诞节——12月25日

基督教徒在12月25日庆祝耶稣基督的出生，对于很多人来说一年中可能只有这一天才会去教堂。甚至不信教的人可能也庆祝圣诞节，他们会把房子装饰一番，摆上圣诞树，与家人团聚在一起互换礼物、同享大餐。感恩节的传统食物没有多大改变，但圣诞节大餐则与之不同，它深受种族起源的影响，在四个不同的邻居家中您会发现德国人的番佛努斯香酥球、意大利人的油炸面包、南方人的面包布丁和美国人的糖果曲奇都是传统的圣诞甜点!

所有人的快乐节日

如果您来自以新教或天主教占主导地位的国家，您可能会感到迷惑不解，为什么打招呼时要说“节日快乐”。由于美国的特殊起源，早在政治上确认之前，美国人就十分尊重不同宗教、不同肤色、不同种族的各种其他节日。

比如在12月，犹太人庆祝光明节，该节日为期八天；很多非洲裔美国人过宽扎节（12月26日到1月1日），人们在这段时间里反省感恩。斋月时，伊斯兰教众会在白天斋戒。对于俄罗斯和希腊东正教教会而言，复活节是一年中最重要的宗教节日。九月份的哈桑纳节（犹太新年）和赎罪日是一年中最神圣的犹太教节日，而三月或四月的逾越节则是家庭重要的聚会节日，到时家家户户都会设家宴过节。

不同国籍或种族的人也可能会庆祝他们自己的节日。墨西哥的独立日——五五节（5月5日）时，纽约和洛杉矶等大城市会举行派对和街头游行。一月底二月初是中国新年，纽约和旧金山的唐人街社区会过春节。新奥尔良的法国社区会举行花车巡游，人们穿上精心制作的服装，举办昼夜派对来庆祝四旬斋前的最后一天（或“肥美星期二”——二月底三月初的四旬斋开始）。最后说说同性恋光荣大游行，这是个很有趣的年度节日，很多城市都有固定日期庆祝该节，纽约和旧金山都定在六月份进行。

第四章

交　友

《莫斯科先生》是一部 1984 年上映的电影，片中的主演罗宾 · 威廉姆斯扮演一个刚来到纽约市的俄罗斯移民，他经历了文化震荡，并且评价说“我遇到的每个人都是从其他地方来的”。加利福尼亚和佛罗里达也是这种情况。除了美国原住民以外，可以说所有美国人都是从其他地方来的。

来到这个年轻国家的新移民们带来了他们独具特色的交友文化传统，他们自己的礼貌标准，以及对各种行为的理解——什么是害羞，什么是无礼。美国人给人的第一印象千差万别，游客可能会困惑在洛杉矶海滩上遇到的无忧无虑冲浪的公子哥和在明尼苏达州遇到的轻声细语、性格沉稳的农场主，尽管他们有着相同国籍，但他们到底是不是一个物种呢。

纽约熟食店的服务员在您说“谢谢”时嘴里会嘟嘟囔囔的，请不要觉得他无礼，他只是太忙了。亚特兰大酒店给您送早餐的妇女为了祝您“过得愉快”会嘟噜一长串话，请不要觉得她很虚情假意，她只是在向您展示南方人的彬彬有礼。不管您向他们中的哪一位寻求帮助或了解情况，他们都会放下姿态，诚心诚意地帮助您。

虽然美国人口众多且千姿百态，但是本书还是总结出了几个共同点。而且还要提醒您，当您摆脱第一印象的束缚后，您会发现事情是这样的……

美国式友谊

美国人是世界上最开放、最风趣、最友好的人士之一，但是他们对于友谊的想法可能跟您通常理解的不太一样。

亚洲人的人际关系表现为责任感和相互责任，这可不适合向来喜欢独立的美国人。他们绝不会让朋友帮忙找工作或修车。人们总是忙忙碌碌，而且经常搬来搬去，所以友谊也就必然短命，人们的态度是把握今天，趁着友谊还没走远，尽情享受。如果巧遇久违的老友，要为重逢而高兴，不用为没有联络而道歉。君子之交淡如水嘛。

热忱的微笑、嘘寒问暖、大方的举止都是真情实感的表达。跟北欧人的沉默寡言或亚洲人的虚假客套相比，美国人的友情就像习习清风。然而新来的移民可能会发现美国人的友情只是停留在表面的友好，这真让人困惑沮丧。

好的一方面，这意味着您可以随便接受或提出随意的邀请。周末无处可去吗？有人邀请您同去看球赛或参加派对，您一定会爽快地答应。您可以尽情放松一下，痛痛快快地玩一玩，不用觉得欠了别人的人情，也不用想着下次怎么报答人家，其他文化中很看重这些，但是美国人无所谓。

逐渐了解

在了解某个人时，美国人喜欢直截了当，在某些文化看来，他们问的问题可能涉及个人隐私，并且有些冒昧。比如，等级观念较重的英国人就不太喜欢“您在哪里上的学”这样的问题。这么做会对您有利：针对一些像体育、家庭、爱好、宠物等安全话题，随意提问或参与讨论。

虽然很多美国人游历甚广，但他们只占少数。如果有人对您的国家或文化做出的评价似乎有些无礼，请不要因此而生气。这通常是因为他们不了解情况罢了，只要您礼貌地做出纠正，他们会很乐意接受。要是谈话总是绕着您认为较为隐私的话题（比如健康或政治）打转转怎么办呢？当美国人说话冒昧时，微妙的暗示是不管用的。您可以轻描淡写地谈一谈，然后转个话题，这样做比较有效果。如果您是欧洲人，就要做好准备听听主人家的家谱上有多少位来自您国家的先人。如果您是英国人，美国人说话会突然变得很奇怪，他们可能是在模仿您的口音，不过这只是为了好玩儿，并非在嘲弄您。

现在的美国，除了批评国家制度或生活方式外，几乎没有不愉快的话题。话又说回来了，在任何文化中，都不适合拿这两个话题来做开场白。一般法则是，即便主人没有这么做，您也要明智地绕开宗教、金钱和政治等话题。

什么状况会把美国人吓跑呢？当他们觉得您占用了他们太多时间或过度依赖他们时，他们就不会跟您做朋友了。一定要看明白社交暗示，尊重社交界限，不要在人家家里逗留过长时间。

好了，现在您已经知道该怎么做了，那么在这3.15亿人中到底该如何结交一位美国朋友呢？正如我们前面所看到的，美国人喜欢实干，喜欢参与，喜欢组织活动。一个古老的笑话是这么说的，如果把两个英国人放在一座荒岛上，他们会成立一个委员会。而两个美国人很可能建立一支救生筏捆扎俱乐部，或者一个幸存者专业协会。他们忍不住要和别人聊一聊，分享他们独有的热情，所以，不管您的职业或业余爱好是什么，找一个合您胃口的团队，并参与其中吧。

美国人喜欢相互联络，他们慷慨地把您介绍给其他朋友，并帮您网罗更多的人脉关系。要是您说自己喜欢徒步旅行，立马就会有人把您介绍给他同事的表嫂，她可以告诉您所有最佳旅行线路。您也可以有意无意地到酒吧或派对上逛逛，也许在那里可以遇上志同道合的人，就算遇不上，也可以在那里度过一个愉快的夜晚。

初次见面后，假如您表现得不错或者乐意自己照顾自己，要记住美国人尊重独立和隐私，如果您真的需要帮助，美国人会给您慷慨的建议或帮助。友谊一旦建立，美国人无与伦比的热情慷慨会让您感动不已。

问候寒暄

人们习惯用“嗨，您好吗”来打招呼，同时面露微笑，并伸出一只手来。您不必详细汇报健康状况，只要说一句同样含糊但却乐观向上的句子“很好，您呢”就可以了。当主人把您介绍给其他客人时，大家会把自己的姓名都报出来，但是之后只称呼名字就可以了。只有在专业场合才会称呼人的职务头衔。对于老师、邻居和家人的朋友，学生们一般直呼其姓，或者只称呼“先生”和“女士”。虽然这一习俗比较宽松，但是在“讲究的南方”部分地区，人们仍然遵循这一习俗。

人们应该交往并相互介绍。美国人通常是社交老手，而且十分自信。他们擅长记住您的名字，或者他们以为那是您的名字。但是没人期望您也能记住一大堆陌生人的名字，所以不要害怕让别人重复一遍他们的名字。这个小技巧不仅有利于您的记忆，而且通常可以作为寒暄的开始。

有空一起吃个午饭啊

贝丝最近才移民到美国，她感到很困惑，因为她遇到的每个人在聊完天时都会说“有空一起吃个午饭啊”，但是却没人给她打过电话。但是贝丝并没有做过任何令人讨厌的失礼行为啊。其实和很多游客一样，她曲解了美国人表示友好时热情开放的交流方式。虽然她的同事想要表现出真实的关心和良好的心意，但是现实是大家都很忙，没有时间真的一起去吃午餐。“我们一定得聚聚”可能并不是邀请，而是一种礼貌的方式，好拉近谈话者的关系。

您过来吧

如果人家邀请您，不要紧张，只管去就是了。美国人的殷勤好客是出了名的。晚宴可能会很正式，可能会上三道菜，而且都是用的精美瓷器，也可能是用纸盘吃的自助餐。不用拘泥礼节，每个人都会搭把手。要有礼貌，问问需要您带什么东西。主人可能会礼貌地拒绝您的提议，但是较亲密的朋友可能会让您带沙拉或甜点。（不过一定不要空手去，通常可以带一瓶精选的葡萄酒或一束鲜花。详见“礼品”部分。）吃“百乐餐”的话，每个人都要准备一盘菜，大家一起分担做饭的工作。（提示：如果大家争着做五豆沙拉，那么带葡萄酒可能会帮您抢占先机哦。）

如果住公寓，那么厨房一般都不大，所以他们可能更喜欢带您去餐馆吃饭。要是您不确定是否是主人请客，您可以在结账时支付自己的一份，主人会赶快说明情况。如果主人请客，您仍可以支付小费，但是不要拒绝主人的美意，说声谢谢就可以了。

在圣诞节或感恩节这样的假日，人们一般会用家庭风格的饭菜来款待您，一个个盛满美食的大浅盘绕着桌子在大家手中传递，客人要自己动手，吃多少取多少。人们都很喜欢鸡尾酒会，人数很多的话，可以通过鸡尾酒会相互认识。比如，新生家长们、小区新住户，或作为会前聚餐。（如果是正式场合，不必带礼物。）

大家不必拘泥礼节。至高荣誉就是没人服侍您，但是大家都接纳您，而且告诉您“别客气”“就像在家一样”。乐趣在于大家的相互陪伴，而不在于饭菜多么精美或者服务多么完善。

如果是正式晚宴，那么在指定时间 15 分钟以内到达就可以；如果是派对，半小时以内都没问题。只是不要提前或准点去。（不过，要是人家邀请您去听演唱会或看戏，您就必须早点到啦。）跟别的社交活动不同，鸡尾酒会的请帖上除了有开始时间，还会规定结束时间，您必须按照时间规定参加酒会。

如果请帖上没有对着装做出其他要求，那么通常穿时尚休闲装就可以了。如果是吃烧烤或野餐，那么着装要降一个等级，别穿短裤拖鞋就行了。如果您不太确定，也可以事先问一问主人。

礼　　品

如果有人请您吃饭，带上一束鲜花、一盒糖果或一瓶葡萄酒（只要主人能接受）一定没错的。要是您要在人家家里过周末，那么要带一份“送给女主人的礼物”，一件小小的装饰品或一本书都可以。住在人家家里时，您也可以给主人做顿午饭或晚饭，不过要是跟他们的时间表合不上拍，您也不必惊讶。

第五章

居家图景

美国人的家，温馨的家

传说早在拓荒年代，政府免费发放土地，移民们快马加鞭，一路尘土飞扬挺进内陆地区，然后在土地上钉上木桩宣布占有这块土地。如今，美国人在“把木桩钉入”加利福尼亚地产之前得先看看按揭利率是多少。不过尽管现在房地产市场不景气，但是买一套自己的房子仍然是美国梦的一部分。

从早期的美国住宅中，我们可以看出当地气候条件和可用物料。西南地区的西班牙移民（受美国原住民房屋结构的启发）使用砖坯盖房子；新英格兰人用当地生产的木材修建房屋；十九世纪有钱的实业家喜欢用欧洲的石材石料。南部是建筑历史学家的天堂，那里有新奥尔良法国区华丽的铁艺阳台，还有在密西西比和佐治亚遗留下来的南北战争前的西班牙式大宅院，还有蔓生天际的得克萨斯大牧场，这些都是各国移民为适应当地地形条件和生活方式灵活应变的结果。

如今，美国的住宅小区规模庞大——房地产开发时把相邻地块的房屋都建得整整齐齐、一模一样。不过只要有可能，房屋风格还是会表现出美国人的个性。漫步在郊外居民区，您可能会看到一座带有圆柱的希腊复兴式房屋，而它旁边是一座殖民时期风格的农舍和一座英国都铎式建筑，但它们都是近两年才盖的！现在人们盖房子都喜欢面积超大的“麦克豪宅”，这种建筑有很多房间，让家里的每个人都能有自己的空间上网冲冲浪或上 tweet 发发自己的随想。

美国人的先辈们喜欢旅游，受此影响他们总爱搬来搬去，有的是为上学，有的是为工作，有的就只是为了换种生活方式。美国人一生中平均搬 14 次家。（对照一下，英国人平均只有 5 次，日本人 4 次。）

就国内人口流动趋势来说，美国人口正在越来越城市化，这个国家的农业人口已经不再占多数，现在只有 16% 的人住在农村。东北地区的人口在不断减少，而南方的市郊人口却仍在不断增长。城市生活的社会经济都呈现出极端化。比如，在纽约市相邻的街区里有靠政府补贴的低收入住房，也有耗资数百万美元的公寓。老式住房多是连栋房屋——联排房或“褐色砂石”房（这是因为其正面使用的当地石料颜色而得名的），每栋房屋都有三到四层，房屋的墙与墙连在一起。一栋房子里可能只住着一家人，也可能分割成更小的公寓或单间。一座高层公寓楼里住的人数能赶上一个小村子的人口。

与之相反，郊外的房子大多带有修建整齐的“院子”（花园）、篮球场、游泳池，还停着厢式旅行车（取代了20世纪70年代的旅行轿车）。在较为温暖的南方各州，退休的老人和单身的上班族更喜欢带有公共设施的小型公寓楼。“封闭式小区”的增加说明人们对安全、便捷的渴望，但是对于只做短暂逗留的美国人来说很难一下子就建立社区意识。

新千年里人们更爱“宅在家里”，这种现象促使各个网站和有线电视频道推出很多家居装饰和房产节目，同时也会让美国人在他们的住宅上花费更多的时间和钱财。美国人凡事儿喜欢DIY，这就给各种书籍和电视节目提供了广阔市场，而且还出现了很多家居装饰商店，它们一个个

有飞机库般大小，“周末勇士”们把从那里买来的石膏板吊在他们的SUV汽车上。他们从辛苦劳动中收获了大大的满足感，一座“破房子”华丽变身成为梦中的家，之后房子主人会继续搬家，准备开始下一个工程。

不要困住我

隐私和公开是矛盾重重的话题，特别是谈到美国人的住宅时更是这样。美国的“院落”都很宽敞，在别的国家一般都会围上高墙、栅栏或篱笆，但在美国很多人家都不会这样做。室内也很少用欧式网眼窗帘把好事儿的邻居挡在外面。同样地，要是第一次去美国人家里做客，他们会自豪地带着您把他们家全都看一遍，甚至衣帽间和浴室也不避讳。他们可能还会让客人自己去冰箱拿汽水喝。所有这些都让人觉得美国人凡事都很公开。

但是美国其实真的很注重个人空间和隐私。一位住在康乃狄格州的巴西移民，她的邻居平时都十分友善，但是如果她没打声招呼就贸然去邻居家做客，那么她一定会清楚地意识到自己应该事先打个电话。同样地，虽然郊外的住宅通常都有宽敞的公用区域，比如开放式厨房和家庭活动室，但是同时也会设有充足的私人空间。傍晚去拜访一户美国家庭，您也会发现这家的成员们都在各忙各的，有的在看电视、有的在打电话、有的在上网，还有的在自己卧室给电池充电。爸爸的“休息方式”就是躺在摇椅上看超大号电视，在郊外的大宅子里经常看到这一幕。

美国还有一个普遍现象，就是所有东西都是超大号的，特大号的床、巨大的电视屏幕、“超级无敌”大汉堡，还有“工业量级的”家用电器。电影院里卖的最大号爆米花或汽水当真可以“惊掉下巴”。衣橱是“步入式”的，有些小汽车的尺寸都能赶上军用汽车。但是，司机们也出现一些反冲现象，由于环境问题和燃油价格上涨，开悍马的人正在减少，开混合动力车的人正在增加。

混合家庭

美国家庭是个什么样子呢？就像一幅马赛克拼接画，美国家庭会随着人口模式和人们的态度而不停地缓慢改变。

人们的结婚年龄越来越大（男的平均 28 岁，女的平均 26 岁）。几乎 50% 的初婚会以离婚而告终，这也许就是为什么越来越多的人选择未婚同居。在 2010 年的人口普查中，不管家中有没有孩子，只有不到一半的美国夫妇是结过婚的，这是有史以来首次出现这种现象。有孩子的家庭只占五分之一。

医疗技术的进步可以推迟妇女的生育年龄。三十岁以下生孩子的美国妇女有一半以上是未婚妈妈。不论父母、姐妹还是孩子，有三分之一的美国人是“继”亲。在美国，有越来越多的州承认同性恋婚姻是合法的，并允许他们收养孩子。

过去一直下降的出生率现在已经稳定了，但是平均寿命却在不断提高。预计到 2030 年美国有五分之一的人超过 65 岁，这就是说 × 一代到时会上有老下有小，都需要他们来照顾安排。

对于双亲家庭，无论是工作还是生活，人们都很注重男女平等。双职工家庭已经超过了“男主外女主内”的家庭，比例达到了三比一。就后者来说，家庭主妇似乎越来越少，家庭“煮夫”似乎越来越多了。

尽管出现了这些趋势，但是调查显示多数美国人仍然认为建立家庭才是最理想的，而且也是社会稳固的基石。那么美国社会是如何应对 20 世纪出现的这些天翻地覆的变化的呢？美国人用他们一贯的包容、适应和智谋来迎接这些挑战。独具创意的方法解决了家庭状况复杂的问题，比如成立祖父母联盟、继父母联盟、单身父母联盟以及保姆联盟。统计显示由于家庭人口减少再加上有很多节省人力的设备，虽然外出工作的父母可能感觉内疚，但是实际上他们陪伴孩子的时间比任何一代人都多。而孩子们可能并不会注意到这一点，因为他们都忙着玩电动游戏，参加社交网络活动，还要不停地给朋友们发短信。

成长在美国

在有些国家，大人只管看护照料孩子，而从不听取孩子的意见。要是您的国家也这样，那么当您看到美国家长凡事都和孩子协商时，您一定会感到震惊。美国家庭非常民主，相对较小的孩子也参与家庭决策——从午饭吃汉堡还是意大利面，到度假是去佛罗里达还是加利福尼亚，所有事情都要大家一起商讨决定。跟其他国家相比，美国孩子从更小的时候开始就自己决定吃什么、穿什么以及如何支配他们的时间。

每个人，不管年纪多小，都有说话的权利，这意味着父母讲话时孩子可以插话，老师讲课时学生可以提问。在等级分明的社会里，这些都会被视为失礼行为，但对于奉行个人主义的美国人来说，这些不过是表达意见、积极倾听和行使权利而已。权威人物不会得到人们主动的顺从，而是要通过自己的努力来赢得人们的敬重。老师不应高高在上，而更应该是学习上的伙伴。父母应该冷静理智地回答“但是为什么”之类的问题。说到纪律，对孩子拳打脚踢进行体罚是绝对不可以的。与人发生争执时，只要不过分，父母就会鼓励孩子自己去解决，他们常常教导孩子“自己去说清楚”。

教育体系和家庭生活都给孩子灌输独立、自立和自我表达的价值观。这种民族精神在幼儿园的“表演秀”活动中就开始显现了，通过向同学们讲述自己的兴趣或成绩，孩子们会树立自信心和自尊心。教育的重点是教会孩子通过调查、分析和解决问题的能力实现自我教育的目的，而不仅仅是死记硬背。从小学一年级到大学毕业，学生的成绩都是根据课堂参与状况进行打分的，大声表达自己见解的学生会得到奖励，并“取得好成绩”。

美国有各种各样久经考验的方法来教给孩子如何自立，同时还能培养孩子的责任心。小孩子在六岁时就到朋友家“过夜”。学校、市政单位和私营组织都会提供很多户外拓展活动。独立的最终标志就是“开上车”。很多州允许16或17岁的少年开车。人们认为开车是一件大事，以至于很多学校开设“驾驶课程”。

仅仅从媒体上了解美国的外地人可能会对美国社会给青少年的自由度而不满。美国人的教育理念是通过教授实用性知识和培养他们的道德责任感赋予每个人权利。他们不是把孩子护在翅膀下，而是让他们自己探索世界、承受风险。毕竟，一个人从自己的错误中学到的东西最多。

学校尽职尽责，通常教授综合教育课程，其中包括公民责任。鉴于校园枪击悲剧的嫌疑人通常是“不合群”的年轻人，最近人们开始关注在较大规模高中里出现的同辈压力、恃强凌弱以及拉帮结伙等日益敏感的问题，在这些学校里，“书呆子”、“哥特组”和“运动迷”都是很强大的次文化群体。不幸的是，现在的社交网络产生了一种全天候的“网络欺凌”行为。如今，每个学生手里都有带摄像功能的智能手机，可以当时就把学校同学的糗事发在网上，让全世界都看到。

升　级

美国人通常认为全世界都应该跟着他们学。（通常他们是对的。）所以如果您问一个小孩几岁了，他可能会告诉您他上几年级了，他们不用字母顺序表示年级，但是考试成绩是用字母表示的。但有人回答说他十来岁的孩子上“高三”（junior）或“高二”（sophomore）时，您可能会更加困惑。（junior 和 sophomore 在某些国家指的是大三和大二。）

根据经验，一般在年级上加五就是孩子的近似年龄了。（但是您可能偶尔听说过某个小孩“留级”了，就是再念一遍，以便提高其学习成绩。）反过来就可以大体推算出学生年级——用数字表示的年级。

教　育

跟美国生活的其他很多方面一样，人们拒绝让政府控制教育。移民家庭通常会感到吃惊，因为美国没有国家教育体系。多数学校是各州筹建的，每个区都选出各自的教育委员会来制定课程，并处理行政工作。各地的标准千差万别，人们往往根据当地学校的教学质量选择在哪里落户。有些学校委员会制定各种日常工作事项，比如把科普性的智能设计加入课程表中，或者禁止从图书馆借书。时至今日，一些美国经典作品，如《哈克贝利·费恩历险记》或《杀死一只知更鸟》等，仍然因为其内容涉及种族问题而备受

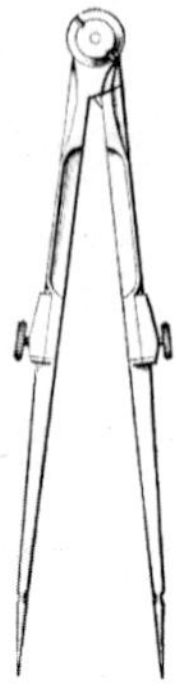

质疑，而且有些学校委员会认为“哈里·波特”丛书有鼓吹巫术之嫌。

虽然绝大多数学生上的是公立（州立）学校，但是很多家长还是会做出其他选择，比如独立（私立）学校或家庭学校。美国还有宗教附属学校，比如犹太教或天主教教区附属学校，这些学校会教授学生宗教课程，这在公共学校是不允许的。

年级	学生升学年龄
小学	
学前班	5 岁
一年级	6 岁
二年级	7 岁
三年级	8 岁
四年级	9 岁
五年级	10 岁
初中	
六年级	11 岁
七年级	12 岁
八年级	13 岁
高中	
九年级（或“Freshman”★）	14 岁
十年级（或“Sophomore”★）	15 岁
十一年级（或“Junior”★）	16 岁
十二年级（或“Senior”★）	17 岁
带★的单词也用于四年学制的专科大学。美国学生通常 18 岁开始上大学，但是有些学生在高中毕业后会隔一两年再上大学。	

课外活动是学生全面教育的重要部分。学生通过参加

音乐、体育、科学、艺术和社区服务活动，可以开阔眼界，学习新技能。

与此类似，美国孩子从很小就知道努力工作的道理。从第一次在路边摆摊卖柠檬水开始，各种家庭背景的美国孩子就尝到了经济独立的甜头儿。最开始他们一般会帮大人做些基本的家务活换些零花钱，然后做些送报员或临时保姆的工作，进而在周末时到当地商店或餐馆打零工。

有人声称所有这些行为会造成家庭不堪重负，也会让孩子太过忙碌。不过，美国孩子似乎在这种忙忙碌碌中得以茁壮成长，而且为成年后的各种要求和责任做好了准备。

高 等 教 育

对于来自各种阶层家庭的孩子，美国有很多实际措施支持他们继续学业，比如政府贷款、奖学金和助学金等。美国接受高等教育的学生比例的确要高于其他国家。2008年时，十八九岁的孩子有一半升入大学。2010 年时，年龄超过 25 岁的成年人中有 40% 持有本科学历（学士学位或两年制的副学士学位），而 10.5% 的人持有研究生学历——硕士或更高。

美国的教育体制注重教育的宽度而不是深度，学生们在大学第三年或第四年才选专业。

美国教育的另一个特点是其灵活性——已修课程的学分可在不同学校通用，或在不同专业使用。

回到学校话题

“College” “University” 乃至 “School”，这三个词有时可以交换使用。

那么为什么美国在教育上的花费比多数工业国家都多，但是学习成绩测试结果却于世界排名中落后呢？答案可能是因为美国教育多种多样，而排名采用的仅仅是单纯的数字。教育家还指出美国教育真正的特殊作用只有在研究生阶段才能显现。美国有很多世界最有威望的研究生学校，硕士学位的学习时间为两到三年，而博士学位的学习时间则长达八年。

因为全国人口有一半有学士学位，所以美国有进一步的分类标准，就是看学生毕业院校的地位。“常春藤”联盟的八所（私立）大学的毕业证被认为是人生通行证。但是很多其他高校也颇有声望（虽然海外来的游客可能只听说过哈佛和耶鲁），有些美国人还会以为大家都知道自己母校的声望和“个性”，所以总爱骄傲地谈论一番，以抬高自己的身价。

美国教育体制的另一个特征就是其高昂的学费。美国有 4495 所高等教育机构，其中近一半是私立大学（与州立的“公立”大学相区别，其中有些学校声名显赫）。追求卓越就要付出代价。根据官方数据，2012 年在公立大学上学的“中等”预算开支为每年 21000 美元（学费、杂费、生活交通费用），而在私立学校这个数字上升到每年 42000 美元。这就是为什么很多家长在孩子还没上高三时就开始为上大学攒钱了。很多学生不得不自己想办法，有的在上学期间打工赚钱，有的申请助学贷款。这就意味着很多大学生毕业后会背负沉重的债务负担。

日常工作

正如美国有很多种家庭结构一样，美国也有很多新颖灵活的工作安排。有些人每天上下班要在拥堵的路上花费一个小时的时间。对于“在家上班的人”来说，则要让孩子把玩具放在厨房，而不要放在家庭办公室。用人单位都希望能留住效率高的雇员，所以会在公司设立儿童看护中心，制定灵活的时间表、陪产假，并允许职工在家办公。

虽然有 60% 的美国妇女在外面工作，占到总劳动人口的近一半，但是选择做居家妈妈的妇女也同样忙碌，她们要想方设法拼车，做社区志愿工作，还要进修，锻炼身体，完成家居装修工程，还有数不尽的其他事情。

美国人吃饭也是匆匆忙忙的，有的在办公室吃，有的在汽车里吃，有的边看电视边吃。可能只有吃完饭时一家人才能聚在一起，聊聊一天中发生的各种事情。话题可能从世界新闻聊到家庭作业情况，无所不包。食物可能是外卖的中餐或意大利餐，也可能是冰箱里储存的食物，或者自己家里做的晚餐。

美国人的时间宝贵，每天都排得满满当当的，他们讨厌别人打断他们的安排。朋友和家人来串门儿前会先打个电话。人们会用电话录音来筛选打来的电话，这样家庭成员就可以在他们方便的时候回电话了，同时还能避免在晚饭时接到推销电话。电子邮件、短信和电话录音让工作和休闲的界限更加模糊不清，人们常常会把一晚上的时间都花在电话或电脑上，或者为第二天的工作安排而费心思考。带有数据契约的 Wi-Fi 和智能电话把家里的每位成员从单一的电话线中解放出来。

为方便起见，美国人常常在周末去大超市批量购买日用百货。看到超市里整趟货架的早餐麦片或意大利面酱，让初到美国的人要么会开心无比，要么不知所措。商店的营业时间也大不相同，小型商店的营业时间是上午 9 点到下午 6 点，郊区超市常常要到晚上八九点钟才关门。有的便利店（一般附属于加油站）会一直营业到午夜。在大城市里，街边小卖部和某些超市是 24 小时营业的。

第六章

休 闲 时 光

美国人拼命工作，尽情玩耍。工作之余他们可能会去健身房锻炼或在花园搞搞园艺，但是他们休闲时也会像工作时一样热情和专注。“谢天谢地，总算到星期五啦”意思就是要把周末塞得满满的！

住在市郊的美国人在星期六早上通常会洗车、剪草坪或完成家居工程。媒体描绘的美国人要么是赖着不动的沙发土豆，要么是身着莱卡服装的运动狂，但是多数人都处在这两个极端中间。美国人喜欢参加户外运动。甚至工作狂也会抽时间去打打高尔夫球、徒步旅行、骑自行车或者是滑雪。因为有极为完善的公共设施和各种补贴项目，与其他国家相比，多数美国人可以参加广泛的娱乐活动。要是不想去离家太远的地方，他们可以去农贸市场或车库拍卖会转转，也可以到古董店淘淘宝，还可以组织一场周末聚会。

虽然美国人奉行个人主义，但是他们却是很好的“参与者”。十个美国人里有八个人加入了至少一个俱乐部，有的是民间组织如扶轮社或莱昂斯俱乐部，也有的是特殊兴趣组织或运动俱乐部。如果孩子参加了少年棒球联盟，爸爸（或妈妈）可能要边看孩子打球，边给孩子做指导。

度　假

很多美国人的年假仅有两周时间，不过还好公共假日前后的长周末可以放个短假，但是这仍然意味着就连度假也要马不停蹄。相反，学校的暑假总是长达十到十二周的时间，这一传统起源于孩子们要到家庭农场帮忙。如今，六年级的学生很少有需要帮忙收割庄稼的了，所以美国有很多地方性活动和“夏令营”让孩子们的假期生活充实起来，同时还能锻炼他们顽强的独立能力，这些让上班族的父母感激不已。

血拼到底

美国人一直喜欢购物。美国消费总额令人震惊，该如何解释这种现象呢？这是不是人们辛苦工作应得的结果呢？还是在无阶级社会里表现自己经济地位高人一等的方法呢？可能只是因为消费品如此便宜，以至于把烧坏的吹风机拿去修理还不如再买一个新的，这就养成了美国人用啥东西都是一次性的，坏了就扔的习惯。时尚的转瞬即逝、变化无常反映了美国人渴望变化不歇的精神，也意味着一

个美国人花钱变成现在的样子，但是过几年又会换掉。

许多在别的国家看来是奢侈品的东西，在美国却被认为是生活必备品。为了上班要买第二辆车；每间卧室都有电视机和电脑，以方便家庭成员自由选择；每个人都得有笔记本电脑、智能手机和 iPad。由于劳动力成本较高，再加上保留隐私的要求，导致人们投资购买省工设备，帮助做家务。这样就能腾出时间和精力去做更有意义的事情了。美国人知道总会有办法付钱的。在别的国家可没有“塑料灾难”（信用卡债务）这个污名。

买东西很简单，想要换货或退货就得保留好收据，这毫无疑问。在您清点找的零钱够不够数时，别忘了在大多数州很多商品在结账时要缴纳销售税（加利福尼亚州高达 7.25%，特拉华州、蒙大拿州、新罕布什尔州和俄勒冈州则不用交）。百货商店几乎每个周末放假时都会搞降价促销活动。

购物中心是市郊生活的中心，全家人可以在这里购物、吃东西，还能看电影。青少年在这里做兼职，或只是聚在一起闲逛。由于购物中心里既安全又能避风挡雨，而且周长有几英里，所以大妈们甚至可以和同伴们一起在里面暴走。

付 款 方 式

旅行支票在商店和酒店一般都能用，而且如有遗失或被盗还能退款。几乎每个街角都能找到 ATM 机，而且多数都能用外国银行卡。预定酒店和汽车租赁业务时，信用卡是必不可少的。威士卡和万事达卡基本上是普遍认可的。即使是纽约的出租车也可以刷信用卡，但是在其他城市打车要付现金。美国本地人现在也开始用智能手机付款结账了。

体育运动——互相合作

美国的体育事业是从娃娃抓起的，从 7 岁开始孩子们就在社区的少年棒球队教练那里学会了“团队精神”。不仅如此，美国的体育事业还是一桩大买卖。一流的大学不仅比学习成绩，还要比体育比赛成绩。童子军会被派去观看高中生比赛，他们都很有前途，将来可能会拿到数千美元的大学体育奖学金。达到专业水平的运动员能拿到高工资。由于体育竞赛语言和商务术语越发可以交换使用，所以体育和商业的界限更加模糊了。进入“名人堂”的运动员会终生受到人们的尊敬，而且会像电影明星一样在美国家喻户晓。

美国产生了如此多的杰出个人比赛运动员，但却在某些国际团体项目中表现不佳，比如世界杯足球、英式橄榄球或板球。为什么呢？就是因为美国没有这些运动项目的传统，因此很少有人从事或参加这些项目，至少在您移民美国之前是这样的。美国更钟爱它的国产运动，及其附带的怀旧情怀、各种典礼和穿插表演。在“星期一早上四分卫会议”（赛后分析）之前，办公室里没人能真正开始工作。在体育馆或电视上播出的美国三大体育比赛——篮球、橄榄球和棒球（不论是专业级的还是高校级的）都会吸引大批观众。其次是曲棍球（在美国一般是冰球）和运动汽车竞赛（NASCAR）。美国人可能会远离自己的家乡，但是他们永远忠于故乡的体育队。

每种比赛的规则都很复杂，在此无法一一解释。不过为体育而疯狂的美国人很乐意在球场或体育酒吧里解释某项比赛的复杂规则。

棒　　球

美国人亲切地称棒球为“国球”。同时，它也被认为是最民主的运动，因为不管高矮胖瘦都可以打棒球。棒球衣较为贴身，有的还带有特色条纹，虽然遮不住大肚子，但是穿上它“夏日男孩们”也能成为运动员。

职业棒球联盟，即“大联盟”，分为两个联盟，“美国联盟”有 14 支球队，“国家联盟”有 16 支球队。在四

月到十月赛季期间，他们在联盟内部进行比赛，季后赛中，成绩最好的球队将为争夺联盟锦标赛冠军或“锦旗”而展开角逐。两支获胜球队将进行七场决胜负的世界大赛。（为什么是“世界大赛”呢？因为在大联盟中有一只加拿大队——多伦多蓝鸟队。）

棒球比其他任何运动都能勾起美国人的怀旧情怀，随便找一个布鲁克林人问问他儿时的伤心事是什么，他会告诉您是他挚爱的道奇队迁到了洛杉矶。棒球是一项观众参与性运动，一些传统可以让观众参与其中，比如“第七局半局休息”，大家一起唱《带我去看棒球赛》，还会买啤酒、椒盐脆饼干和爆米花。

篮　　球

詹姆斯·奈史密斯于1891年发明了篮球。身为一名牧师，奈史密斯想要为基督教青年会精力充沛的年轻人寻找一种新型的运动项目，于是就在体育馆的墙上钉了一个桃网。如今，篮球是唯一传遍全世界的美式运动项目。在美国到处都能看到打篮球的人。在公共球场打一场选拔赛，可以交到很多朋友；少年们会在市郊的私家车道上练习“投篮”，并梦想着能成为第二个迈克尔·乔丹。

全美篮球协会（NBA）成立于1949年。九月到四月为比赛季，协会有30支职业球队，分为两个联盟。四月和五月举办季后赛，各联盟中最强的八支球队角逐该联盟冠军，然后两支终极获胜球队将参加六月份举行的NBA世界锦标赛。（为什么是“世界锦标赛”呢？是的，因为也有一支加拿大篮球队。）

美国大学体育总会（NCAA）有270支体育队，受到人们的热情支持，是职业联赛的有力竞争对手。大学赛季的高潮是“疯狂三月”的锦标赛。

足　　球

美式足球跟英式足球不同，它是由英式橄榄球演变而来的。最初是在十九世纪后期进行大学比赛，西奥多·罗斯福总统认为这项运动过于野蛮，所以执意将其改为更加安全的运动。如今，橄榄球比赛中运动员要穿着全身护甲和垫肩，而且不仅要有强壮的身体，还要讲究速度和谋略。

全国橄榄球联赛（NFL）有32支球队，分为两个“联盟”。通常九月到十二月是十六场比赛赛季，然后各联盟最强的六支球队参加一月份举行的季后赛，最终胜利的两支球队将角逐最高荣耀——“超级碗”。（不是“世界大赛”？是的，因为没有加拿大队了。）

一月底或二月初的“超级碗星期天”可是全年体育赛事的重头戏。决赛的电视收视率最高，因为不仅球赛非常精彩，就连幽默的啤酒广告和中场休息表演也同样受到观众们的喜爱。全国的人们都停下工作，朋友欢聚观看比赛，薯片和蘸料的销售量猛增。

大学橄榄球赛季在秋天进行，各个大学橄榄球联盟之间开展各种“精英赛”，在帕萨迪纳市举行的“玫瑰碗”是其中规模最大的。

喷气机队（纽约橄榄球队）、大都市队（纽约棒球队），还是网队（纽约篮球队）

棒球、篮球和足球（还有冰球）球队的名字中都包含其目前所属城市的名字，如NBA迈阿密热火队和NFL达拉斯牛仔队，但是球迷和播音员往往省去所在地，而只说“勇士队”，或“湖人队”或“爱国者队”。所以，如果您在一个城市住一段日子就会了解当地有哪些球队了。比如，底特律的棒球队是老虎队，篮球队是活塞队，足球队是狮子队。要记住纽约的球队就比较麻烦些，因为纽约在这四项运动中各有两支球队（题目中列出了八支球队中的三支）。

为避免混淆，计分板上通常只写城市名。不过也有些球队有其他绰号，比如纽约洋基棒球队或洋基队就叫“布朗克斯轰炸机队”，奥克兰运动家队一般写成“the A’s”。

英 式 足 球

英式足球因其参与性强而广受欢迎，特别是受到儿童的欢迎，1994 年美国主办过世界杯足球赛，1999 年女子足球队取得世界杯冠军，但除此之外，美国人对职业足球比赛不太关注。

其他重要的体育赛事安排

全国冰球联赛——十月份开赛，五月底六月初的斯坦利杯锦标赛决出冠军
美国高尔夫球公开赛——六月中旬
美国网球公开赛——八月底九月初
肯塔基赛马大会（赛马）——五月的第一个星期六
NASCAR 运动汽车比赛——包括二月份的带托纳 500 和五月份的印第安纳波利斯 500

外出就餐

美国人外出就餐的理由多种多样——为交际，图方便或仅仅是为去吃物超所值的大份早餐、“早间”特色菜和管饱自助餐。

除了快餐以外，很难想到美国有什么特色菜肴，不过安慰性食品，比如鸡肉派、奶酪通心粉和烤肉卷倒是可以勉强作数。各国移民带来的民族美食被美国化之后，变成了广受欢迎的食物。

在美国您可能会找到最地道的美国地方小吃，它们的

名字都很好玩儿，比如，熊掌糕、泡泡松糕、牛肉干或秋葵汤饭等。南方菜系受到法国人、非洲裔美国人和墨西哥人传统的影响。“黑人传统菜肴”有软炸牛排、肉汁饼干、炖蹄髈和芥蓝菜。克里奥尔和美式法国风味菜出自路易斯安那州。当地人最爱吃的是浓汤小龙虾、焦黑鲶鱼和什锦饭（米饭拌火腿、香肠和虾子）。边境以北的人特别爱吃墨西哥的安其拉达（辣味卷）、卷饼和法基塔（铁板饭）。

中西部的欧洲移民特别擅长斯堪的纳维亚水煮鱼、波兰饺子和德国油煎香肠。东北部不同的民族美食已成为主流。在纽约街头集市上，商贩一家挨一家，有的卖犹太馅饼，有的卖希腊菠菜派，还有的卖意大利通心面和油煎酥卷。这里还卖最好的土特产，比如枫糖浆、火鸡、玉米和南瓜，更不用说世界级的龙虾和巴尔的摩蟹肉卷啦。

在这个国家的另一边，东西方的碰撞产生了融合菜系，例如，太平洋鲑鱼浇墨西哥萨尔萨辣酱，或者亚洲面条蔬菜炒蒙大拿牛肉。

即使是早餐或快餐等简餐也有无数花样，您可以任意挑选。您的咖啡里是加 1% 的全脂乳还是放 2% 全脂乳呢？又或许是豆浆、奶油或“两掺”（一半牛奶，一半奶油）。鸡蛋也有十种不同的做法，各种三明治面包让人难以置信，沙拉调料五花八门让人看得眼花缭乱。一堆高耸的薄煎饼摆在面前，还就着“淡”枫糖浆吃，似乎有些多余，可是就有人这么做。

烧 烤 大 战

烧烤也可以叫作“野炊（cookout）”。但是“烹饪比赛（cook-off）”则是来自得克萨斯州、南加利福尼亚州和肯塔基州的厨师进行的年度比赛，他们要在这场烧烤大战中决一胜负，争夺全国冠军。

您想吃那样的炸薯条吗

美国生活中有一点不必多做介绍，那就是快餐——汉堡包和其“兄弟姐妹”。在您的老家，您已经见识过了。不过在他们自己的地盘上，倒是没什么不一样的，那不过是精心谋划的公司策略。

不过美国人越来越喜欢“超大”预熟午餐（早餐和晚餐也是一样），随之而来的是他们的体型也变得越来越超大。肥胖症现在已经成为美国重要的社会健康问题，虽然有些其他原因，比如在沙发上睡觉和大量饮用糖水饮料，但是这些价格便宜、方便快捷、成本不高、营养也不高、高脂肪、高热量的所谓的食物仍然是罪魁祸首。儿童中肥胖症患者已经增至三倍。

相关公众人物中只有第一夫人米歇尔·奥巴马一直在鼓励美国人健康饮食以及减重瘦身。

咖 啡 文 化

美国人一直喜欢咖啡胜过茶，但是把端上一杯咖啡这么简单的动作上升为一定水平的还要归功于西雅图的一家咖啡连锁店——星巴克。现在，很多人都在星巴克或模仿星巴克的咖啡店里“虚拟办公”，他们在那里开会或面试——甚至桌边就有插座，人们在享用拿铁咖啡的同时，还不耽误用笔记本电脑。

茶客们请注意

如果您不是在特别讲究的茶馆喝茶，他们通常会随随便便地给您上一杯热水（但都不是滚开的水），外加一个茶包和塑料搅拌勺，还有一两盒奶油色的“两掺”，不过在南方他们会问您是否想要“甜茶”，即加糖冰茶。（提示：他们给您上的“热”水温度并不太高，冲不了红茶。但是泡绿茶还是不错的。）

“最后喝一杯”

美国酒吧有各种形式，但是通常情况下跟欧洲大陆的咖啡馆或英国的本地酒馆不同，这些酒吧不太适合家人聚会。美国广告中总是吹嘘说落基山的泉水让他们的啤酒甘甜可口、与众不同；但是游客们常常抱怨他们在啤酒里添加的东西有点多，不如欧洲啤酒有劲儿。不过，对于品酒行家来说，美国还有很多散酒和进口瓶装啤酒可供挑选。当然，加利福尼亚和俄勒冈州盛产世界级葡萄酒。晚上很多酒吧就会成为人们的“欢乐时光”，那里有多种打折饮料。习惯上每喝完一轮酒要给酒保一点小费（1 美元）。

关于酒水销售，各州有各州的法律规定。多数州的最低饮酒年龄为 21 岁，在进入一家销售酒水的店铺前，客人会被要求出示一张有照片的身份证明（通常是驾驶执照）以验证其出生日期。

酒的风味类别

Straight up——不加水或冰
On the rocks——加冰
With a twist——加一片柠檬
Salt around the rim（杯沿放盐）或 not salt around the rim（杯沿不放盐）——喝玛格丽特酒时您的偏好

餐桌礼仪

美国宽松的文化中，几乎没有硬性的餐桌礼仪。三五好友外出聚餐时，他们通常会“各付各账”，即按人头平摊餐费。别忘了加上至少 15% 的小费（请参看第 105 页）。

美国人通常用右手拿刀切开食物，然后把刀子换成叉子。刀子放在盘子上，再用右手拿叉子把一口大小的食物放在嘴里。

很多食品是用手拿着吃的，比如：炸鸡、薯条、汉堡包和玉米饼，这也许就是为什么即使在便餐上人们也要用餐巾纸的原因。菜码都很大，除了非常讲究的餐馆，别的餐馆都可以把吃剩的菜打包。如今，没人假装要把剩下的意大利海鲜饭带回家给小狗吃。

点菜用语

A la mode——在派上加一勺冰淇淋。

PBJ——一种花生酱和果冻三明治。美国人的最爱（通常是葡萄果冻）。

英雄三明治（Hero）——一种长长的（一英尺或更长）夹了很多菜和肉的面包卷。（另外 sub 是潜水艇三明治的缩写。）

苏打水（Soda）——所有类似可口可乐或七喜的碳酸饮料统称。但是“俱乐部苏打（club soda）”就是苏打水了，就跟德国“赛尔脱兹”苏打水一样。（有何不同呢？俱乐部苏打加了盐。）

单面煎蛋（Sunny-side up）——普通煎蛋。

双面煎蛋（Once over easy）——两面煎的鸡蛋。

恶 之 草

烟雾缭绕的爵士酒吧已成为陈年往事了。多年前电影院、剧院、公交车、火车和飞机上就禁止吸烟。现在有将近一半的美国人居住的城市里禁止在工作场所、酒吧或餐馆中吸烟。（多数美国人居住的城市至少实施上述禁令中的一项。）每个州都对吸烟问题有规定，各个社区还有不同规定和补充规定。如果您是烟民，您最好先问问当地规定，并按照张贴的标牌指示行事。不要心存侥幸，以为您点上烟，而没人出来说什么，美国人可不会跟您客气的。

给小费

游客们应该知道很多从事服务业的人只能拿到最低工资，要想有像样的收入就得靠小费。小费数额不尽相同，但在旅游区、大城市和较高级的酒店、餐馆或美发店要稍微高些。

按照惯例，出租车司机的小费为车费的15%，美发师的小费为10%到15%，行李员和机场搬运工的小费是每袋1美元（如果您携带的行李箱装满图书或者是笨重的滑雪包要多付点小费）。

餐馆的标准小费是15%，如果您在快餐店吃饭可以少给些，但是如果在一家服务优质的好馆子就得涨到20%啦。

因为各州会另外收取餐费8%的税，所以很多美国人都会按照税费的两倍来计算小费。这就意味着，用餐者应按照餐费实际价格的25%来支付小费和税收。

文　化

很长一段时间，美国人的高雅文化都是从欧洲来的舶来品。直到十九世纪，美国才开始重视它的本土艺术形式。在其人民的影响和经历的合力打造下，美国形成了独具特色的艺术文化形式。美国有很多世界一流的博物馆和美术馆，但是游客们也应该探寻一下本土创造性艺术。

美国善于把文化变得更加民主，不那么古板乏味。虽然有些美国人在听歌剧时要盛装出席，但是剧院里规定可以穿便装。穿什么衣服的都有，从酒会礼服到短裤凉鞋，从晚装包到公文包和背包。

当然，歌剧或交响乐的票价都很昂贵，不过，有很多免费的室外演出，或价格实惠的地方或实验剧场，也是不错的选择哦。不管您的品味如何，有没有钱，总有适合您的选择。说到买票，了解些当地信息可以为您节省一大笔钱，所以请一定要问问朋友或宾馆门房，打探一下内幕消息，看看是否能买到折扣票。在大城市，您可以在一些地方买到当日演出未售出的票，比如纽约时代广场的TKTS售票亭，您甚至可以安装智能手机APP查询可以买到哪些票。

流行文化

现在，流行文化是美国最重要的输出品之一，为全世界热切的顾客带来喜悦。很多国家斥责美国文化侵略，声称他们国家年轻人的心灵、思想和肚子已经完全被《辛普森一家》、Lady Gaga 和麦当劳占据。其实正如之前的世世代代一样，全世界的年轻人只是被美国带来的各种形象和可能性所迷惑而已。

戏　　剧

美国的剧作家在娱乐和感动着一代又一代观众的同时，还解决了这个国家面对的种种社会问题。著名作家有阿瑟·米勒、尤金·奥尼尔、田纳西·威廉斯、爱德华·阿尔比、大卫·马麦特、奥古斯特·威尔逊、托尼·库什纳和约翰·格尔。

“外百老汇”剧院

纽约的“外百老汇”和“外外百老汇”并不是说这些剧院在“白色大道”外围，而是说这些剧院规模。不过也可以从这一名字中看出剧目类型。较大的百老汇剧院总是上演各种各样的音乐剧，外百老汇剧院一般演出话剧，而更为平易近人的外外百老汇是激动人心的试验作品的发源地。

音乐剧场

各种形式的美国轻歌舞剧类似于英国的杂耍戏院，百老汇音乐剧就是由此发展而来的。经典剧目会定期重演，如《演艺船》、《旋转木马》和《四十二街》。厄文·博林、科尔·波特和弗兰克·罗瑟的作品均描写美式主题，而且既诙谐幽默又充满各种惆怅，这些作品艺术造诣高超，给观众留下了深刻的印象。二十世纪上半叶时，理查德·罗杰斯和劳伦兹·哈特的音乐剧曾雄霸百老汇（和好莱坞）的舞台，但是当1948年罗杰斯和作词家奥斯卡·汉默斯坦共同创作了《俄克拉荷马》之后，音乐剧中的歌舞不再“被热烈的掌声打断演出”，而更注重故事情节。史蒂芬·桑坦（《同伴》、《理发师陶德》）是同时代的音乐剧天才，他作曲作词的音乐剧不好说属于哪种类别，但总是萦绕人们心头，叫人难以忘怀。近年来，很多由迪士尼电影改编的音乐剧占据百老汇市场，其中很多音乐都出自艾伦·曼肯的手笔。而且音乐剧不仅仅在百老汇上演——《美女与野兽》是美国高中上演场次最多的音乐剧。

歌剧和交响乐

得益于私人慈善家捐助，多数城市都有自己的交响乐团，有几个城市还有歌剧团。最近又有一项创新：即纽约大都会歌剧团和其他剧团在一些电影院上演“现场”歌剧表演，门票常常销售一空。

乔治·格什温和亚伦·柯普兰的作品或许是最能引起

共鸣的美国“古典”音乐。格什温（1898年—1937年）受到美国黑人音乐旋律和故事的影响，其最著名的作品为《蓝色狂想曲》和歌剧《波吉与贝丝》。而柯普兰（1900年—1990年）则将美国的秀美风景和伟大精神融入到他的交响乐、歌剧以及电影和芭蕾舞曲中。其他重要的美国作曲家是塞缪尔·巴伯和雷昂纳德·伯恩斯坦。雷昂纳德·伯恩斯坦才华出众，在美国家喻户晓，他的作品时常回荡在交响乐大厅里，同时还经常在百老汇剧院中上演，比如经典剧目《西区故事》。

众所周知，推崇古典音乐的人总是小心提防现代音乐，比如很多人去参加夏季在纽约举办的林肯音乐节就是因为这个音乐节上“大部分是莫扎特的音乐”，但是美国当代作曲家菲利普·格拉斯、斯蒂夫·莱奇和约翰·亚当斯的“极简主义”作品正在受到越来越多观众的喜爱。

什么歌曲最能表现出美国人的爱国情怀？当然是约翰·菲利普·苏萨的进行曲啦。军乐队行进或烟火表演中绝对离不开《星条旗永不落》。那典型的美国经历又是什么呢？当然是坐在公园里聆听波士顿大众管弦乐团的免费音乐会啦。这是一个古典管弦乐团，他们的演奏符合美国大众口味，十分受欢迎（当然还一定会有烟火表演作背景）。

音　乐

想要体验美国音乐最好的方法可能就是驱车横跨整个国家。打开收音机收听地方电台，您将听到纽约的说唱、肯塔基蓝草吉他、迈阿密的拉丁节奏音乐、纳什维尔的乡村音乐、路易斯安那的柴迪科舞曲，还有轻快的加利福尼亚冲浪音乐。沿路还可以享受现场音乐，比如大学城新成立的乐队、教堂唱诗班身体轻摆着演唱的福音音乐，还有摇滚巨星在大型体育场馆中的表演。

早期美国黑人的蓝调音乐以及美国棉田和教堂里传唱的福音音乐转化为爵士乐和节奏布鲁斯（R&B）。人们通常认为爵士乐是第一种真正的美国艺术形式，在街道广场和新奥尔良的送葬时都能听到爵士乐演奏。现在这种音乐形式已经经历了很多风格的演变，比如拉格泰姆、摇摆乐、大乐队和比波普等。詹姆士 · 布朗和查克 · 贝里的 R&B 音乐到埃维斯 · 普里斯利时已是家喻户晓。随着 20 世纪 60 年代来自底特律汽车城的灵歌歌手和 70 年代迪斯科音乐的出现，音乐变得更加商业化。

如同美国快餐一样，流行音乐、摇滚音乐或嘻哈音乐也无需在此赘述。现代音乐是美国最成功的文化输出品。在美国流行的音乐，您应该已经听过了。

反之则完全不同。很多其他国家的唱片艺术家却没能打开美国市场，多数是因为语言障碍，美国人喜欢英语流行乐（和电影），甚至美国本土的“特哈诺”音乐和其他西班牙语流派也很少有人爱听。

书　　籍

美国文学展现了国家历史的深度和广度。有埃德加·爱伦·坡的惊悚推理小说；有先验论作家爱默生和梭罗的理想主义作品；有作家欧内斯特·海明威，他属于“迷惘的一代”，其作品总是让人心潮澎湃；还有很多文学作品用炙热的文字描述了美国黑人的经历。诸如菲茨杰拉德、福克纳和斯坦贝克等伟大作家用自己的天赋描绘出这个称霸20世纪的国家。钱德勒和哈米特带我们领略大城市中罪恶横行的穷街僻巷。约翰·厄普代克和约翰·契佛让我们看到了美国郊外和小城镇的中产阶级生活中涌动的暗流。多产作家史蒂芬·金的恐怖小说一直是上乘佳作。

热爱文学艺术的美国人都喜欢去图书俱乐部。在那里读者们可以组成小组，并定期碰面，边喝葡萄酒边对最新小说进行褒贬不一的评论。

视觉艺术

美国多数大城市至少都有一个美术馆，展出的往往是过去富豪们去欧洲游历时收录的私人藏品。虽然美国本土艺术兴起较晚，但是很快便追赶上来，产生了诸如威斯勒和沃霍尔等的杰出艺术家。美国许多伟大的艺术家，在国外游客看来可能并不太熟悉，这是因为他们的画作尚未干透就已经被本国的美术馆和收藏家抢购一空了。

结识新朋友的最佳途径是什么呢？在衣帽间脱去厚重的外套，然后在纽约的“大都会”（这次是大都会博物馆，

不是歌剧院了）里探寻一番，美美地享受一下这个冬季的下午时光，也许您会在梵高的《鸢尾花》或者杰克逊·波洛克花哨的作品前跟人攀谈起来。（在华盛顿、芝加哥、波士顿、费城等地，您都可以这么做，只是欣赏的作品有所不同。）

美国一直是视觉艺术的先锋。除了油画、雕塑和素描，您还可以留心一些摄影、平面设计和民俗艺术的博物馆和展览会。

电　影

虽然电影不是美国发明的，但是美国对电影业的贡献远比发明电影要多得多。美国电影将艺术、科技和商业完美地融合在一起，在好莱坞，美国和电影成为天造地设的一对儿。从迪士尼到斯皮尔伯格，从皮克福德到德普，从《乱世佳人》到《泰坦尼克》，美国电影和大师的名字数也数不完。美国电影形成了我们对近八十年历史的感性认识，在这一过程中它取代了很多人心目中文学作品的地位。美国电影表达了现代的民粹主义，让我们得以深入了解美国精神。

有些人悲叹好莱坞大片已经“通俗化”，歪曲了世界对美国生活的认识。现在的电影院里仍充斥着各种冒险动作片和为迎合观众口味而拍摄的影片，而且票房冠军仍是根据连环画英雄、主题公园游乐项目甚至是玩具创作的影片。虽然如此，多数城镇都建有艺术电影院，以便满足热爱独立电影和外国影片的影迷们的需要。

电　视

美国电视是艺术的荒漠，只会浪费您的时间。但它同时又是美国最聪明最敏捷的创意思想的摇篮。

可能孩子们比较喜欢互联网，但是“电视”仍是生活中最重要的媒体，为上了岁数的美国人提供茶余饭后的谈资。CBS、NBC 和 ABC 等“广播电视网”一统天下的好日子已经一去不复返了，这些电视网主要靠广告收入，并严格遵守雅俗标准（珍妮·杰克逊的美胸在 2004 年超级碗半场表演中出现了一秒钟，这在最高法院掀起了阵阵涟漪！）。现在数以百家的有线频道正在与这三家电视网以及近些年才出现的福克斯电视网展开激烈的竞争。这些有线频道没有广告，通过私人订阅的方式给美国的电视荧屏带来未经审查的电影、新闻、体育比赛、特殊爱好表演和原创的戏剧与喜剧。现在的电视多是大尺寸的平板电视，而且清晰度越来越高。

当然，很多全天 24 小时播出的节目重复率很高，而且常常有辱观众智商。“真人秀”节目充斥着电视节目单，因为在这些才艺表演、耐力比赛、房屋粉刷比赛，还有窥视精神障碍或智力迟缓患者的节目中，用的都是非专业演员和真实布景，所以这些节目成本都很低廉。虽然电视网努力避免政治倾向问题，但是很多全新闻节目频道却公开标榜某一政治倾向，他们把每个新闻条目都做详细分析，来拖延时间，但是其中往往发表观点的内容居多，陈述事实的内容很少。夜间的地方新闻仍然语言一般，但画面刺激："越血腥越吸引眼球。"

不过电视上也有最原创、最有趣的电视剧，喜剧片和纪录片，完全可以和当今的最佳影片相媲美。（而且用高清电视看体育比赛感觉真是棒极了。）电视节目单中当真有很多佳品，如果打开电视看到的节目是电视奥斯卡——艾美奖或电视金球奖的提名节目那可是个好起点哦。目前，各个有线频道因为不受重重限制而创作了很多出色的电视连续剧，从而收获了多种奖项，而各大电视网仍然是各种喜剧奖的得主。还有公共电视网专为眼光独到的观众开办，该电视网由观众和企业赞助，主要以新闻分析、教育节目和英国进口节目为主。

无 线 广 播

全美国有 13000 家广播电台，只要快速搜索一下各个频率，您就一定能找到适合开车的音乐——摇滚乐、流行音乐、都市音乐、乡村音乐、福音音乐或那些把您带回童年（或您父母童年）的"怀旧老歌"。如果您喜欢贝多芬胜过碧昂斯，您可能会幸运地找到为数不多的古典音乐电台。还有陪您聊天的电台——新闻、政治、宗教、体育等内容无所不包，听众还能拨打热线参加节目。

不想听没完没了的商业广告吗？美国有公办电视台，同样的也有公办广播频道，这些广播节目发人深省、内涵深刻。或者，要是您的汽车上安装了卫星无线电接收器，您就可以收听有线电视的广播版，里面有大量的高清数字音乐和谈话频道，不过要收取一定费用。

第七章

旅行、健康与安全

> 去西部吧，年轻人。去西部与祖国一起成长。
>
> ——霍勒斯·葛里利

后殖民时代的美国历史是旅行和探索的历史：刘易斯和克拉克的探险队早年探索太平洋时，一位名叫萨卡加维亚的15岁印度女孩曾经给过他们帮助，现在，人们把这个女孩的头像印在了金色的一美元硬币上，来纪念那段历史；有篷大马车或“布篷马车”把人们带到他们在西部的新家；十九世纪六七十年代壮观的赶牛场面激发了人们对牛仔传奇生活的无限遐想；1869年首条跨州铁路的完工使得六个月的东西横跨大陆的旅程缩短至一周时间；66号公路，又叫“美国大街”，是二十世纪冒险的必经之路，克尔维特敞篷车的真皮座椅和收音机上尼尔森·瑞铎大乐队的布置就是最好的体现。

除了真正的“美国原住民”，整个美国都是旅行家的后代，他们要么乘坐木船勇敢地战胜了暴戾的大西洋来到这个国家；要么就是乘坐大型喷气式客机从纽约的肯尼迪机场踏上这个美好的新世界。

当您了解到美国公民中只有三分之一持有护照时，您可能会感到吃惊。但是当您看到如此多的诱人旅游目的地时，从大城市壮观的天际线到国家公园让人惊艳的美景，您就会明白为什么美国人几乎不太愿意离开自己的国家：这个幅员辽阔的国度，其境内的美景看也看不完，恐怕一辈子的年假也不够用呢。

美国有各种壮美风景，还有所有您能想到的活动。您对历史感兴趣吗？那您可以在弗吉尼亚州扛上一杆毛瑟枪，并参加战后重建工作。想让您的肾上腺素大增吗？那就去犹他州试试越野滑雪吧，或者在湍急的科罗拉多河中来一次激浪漂流。您想逃离尘世吗？那就尽情沉迷在迪士尼或拉斯维加斯的梦幻乐园吧。各种活动应有尽有，一辈子也玩不完，让游客眼花缭乱，不知该如何选择！

本书并非详尽的旅游指南，精彩的旅游书籍有太多太多了，不管您的旅行经费有多少，也不管您的兴趣是什么，总有一本适合您。但是，除了常见的旅游陷阱外，您要是真的想了解一下那里的人和地方，那么这里倒是有两条建议。首先，考虑深入探寻一两个地区，而不是挨个城市地走马观花。其次，不要去汽车旅馆和快餐店，最好去餐馆以及住宿加早餐旅馆，与随处可见的廉价旅游纪念品不同，那里的东西具有地方特色，而且货真价实。

抵达美国

美国的国土安全部严格审查所有旅游证件。通常要求游客出示护照、美国旅游签证和返程机票。很多欧洲和其他国家的游客可享受签证豁免权。诸如学生之类的逗留时间较长的旅客需要不同类型的入境签证和财产证明。您的护照和其他相关文书上必须有正确的图章，否则您连机场都出不了，而且还会被遣返回国。如有疑问，您可以在出行前几周到距离您家乡最近的美国大使馆或领事馆咨询。

您必须填写入境和海关申报表，在您登陆前，可在飞机或轮船上领取这些表格。

抵达后，因为多数游客是乘坐飞机的，所以第一站将是机场入境处，他们可能会问您的来访目的、逗留时间，还可能问到您打算去哪里旅行。（提示：请一定要知道这些问题的答案。）然后，您可以取回行李，并通过海关。（另提示：请不要心存侥幸，一定要事先查询海关和边境巡逻网站“www.cbp.gov”，以确保您携带的物品符合规定。）

然后，您就到达美国了。如果您已经预租了汽车，您可以直接到租赁公司服务台或拨打他们的免费电话。如果您没有预订，这也可以算作租车的第一步（请确保随身携带驾驶执照和信用卡）。如果要乘坐公交车、火车和出租车去您的旅馆或商务区，您可以从机场直接去车站找找车牌——您可能走一会就到，也可能要走一大段路，这要看机场的位置。您也可以到咨询台找穿制服的工作人员帮忙。也可能会有人偷偷找上您，小声问您是否乘坐他们的无照出租车或私家车，您最好不要理会他们，即使要等很长时间，也要到专门的“车站”打正规出租车。多数官方正规出租车是有计价器的，但也要看情况，各个城市的规定不太一样。

踏上旅程

从高楼林立的城市到广阔无垠的郊外，美国为其公民出行设计了个性化交通方式。当汽车取代了骑马和轻型马车之后，20 世纪的城市规划师们在社区建设中充分利用了这个国家空间开阔的优势。世界上有很多地方的人们每天早上会去乡村商店或集市上逛一逛，但是住在美国郊区的居民则是每周开车去一次最近的购物中心，说是最近，其实可能离家有好几英里远。美国大型超市的停车场十分宽敞，人们会把从超市里购买的东西塞满整个小货车。像纽

约这样的大城市公共交通十分便捷，这样就可以消除交通拥堵和高额停车费带来的不便，但是如果您不在大城市里生活，那么汽车就是您在美国的必备品。所以，也就不奇怪为什么美国仅有世界 5% 的人口，却仅在公路运输一项上就要消耗世界 11% 的石油产品。

有的人喜欢公路旅行，认为那很浪漫，他们会发现美国的司机既不是最彬彬有礼的，也不是最争强好胜的（虽然我们对“路怒症”早有耳闻）。美国人还会告诉您即使不看前车牌照他们也能说出司机是哪个州的人。显然，他们在驾驶风格上有非常明显的地区差异！

汽车租赁

汽车租赁网点到处都有，但是在大城市和机场周围的租车价格更便宜。车型有厢式轿车或运动敞篷车等各种选择，要是不嫌丢面儿又想少花点钱，您还可以租一辆“二手车”。请记住要把车辆尺寸、税费、交强险和汽油公里数考虑在内，货比三家才能租到最实惠的汽车。

驾驶证

虽然多数汽车租赁公司承认您国家发放的驾驶执照，但是因为国际驾照是英语证件，而且上面还有照片，所以国际驾照非常实用，可以作为您的身份证明随身携带。不过国际驾照的颁发国家必须和您的驾照相一致。

导 航 需 要

如果您打算来一次长距离汽车旅行（在有些地方必须这么做，不过这倒也是了解美国的好办法），那么花钱买份行车地图集是很有必要的，高速公路休息区的任何一家便利店都有卖的。不过要想了解具体行程，您可以从Mapquest和谷歌地图等一些网站上打印路线规划。当然，很多汽车上装有GPS导航系统（租赁汽车不一定都有）。

几点基本交通规则

要注意州与州的交通法规会多多少少有所差别。尽管如此，全国范围来说，系安全带、不能酒驾或毒驾都是基本要求。

要靠右行驶。左转弯时，通常要与对面停止待转车辆交叉行驶。只要没有等待绿灯的标志，您可以在红灯时右转（但是要先停下来看看左方是否有车辆驶来）。但是在纽约市的各个区行车时，不得在红灯时右转。

携带雷达的高速公路巡警或治安官严查超速行驶，如有违反将处以严厉的惩罚。城市道路限速为55英里/小时（89千米/小时），郊区公路为65或75英里/小时（105或121千米/小时）。在城区，限速常有变化，特别在学校附近，所以请一定要注意标示标牌。

市区内通常有专门的牌子，上面写着诸如最高车速等当地的交通限规。

道路常识

美国主干道有三种类型。字母“I”表示州际公路，“US”表示美国国道，Rte（线路一词的缩写）表示地方道路或州道。

州际公路编号系统如下：偶数州际公路（比如I—80）代表东西方向公路（最西边的公路编号最小），奇数州际公路（比如I—15）代表南北方向公路（最南边的公路编号最小）。

高速公路是一种分车道公路，过境车辆对该公路的使用权受到完全或部分控制。高速公路有进出口匝道，有的收费，有的不收费。高速公路的对向车道之间，有的是用水泥或金属栅栏隔开，有的是用绿化带隔开。

公路可能是分车道的，也可能是不分车道的，一般公路都是从市区穿过，而高速公路则绕开市区。

传统的收费公路是一种收费道路，但是在通过高速公路和“景区干道”（基本属分车道公路，并对营运车辆有限制）时您可能也要交过路费。与其研究收费公路的名称和数字编号，不如准备些小额钞票和硬币塞给收费员！（停留时间长的游客或许可以买份“电子收费标签”，比如E–Z通行证，这样您就不用在收费站停车缴费了，该系统会自动从您的信用卡上扣除过路费。）

乘 飞 机

美国人喜欢开车，而且美国的公路系统十分发达，公路养护也不错，但是如果开车要花一天或更长时间，那么出行方式的第二个选择就是飞机了，飞机比旅客列车（如果您能找到的话）的选择余地要大得多。对于前程漫漫的游客来说，空陆联游套装可能是最好的选择啦。

对于懂行的游客来说，国内航班是买方市场。廉价航空公司的出现，以及各个运输公司之间时常进行的价格战，让我们有更多的票价选择余地（有时甚至是同一座位）。最好从一些网站上对比价格和可用性，也可以使用智能手机上的应用程序。如果您的时间比较灵活，您可以大大提前订票日期，也可以捡个漏，买到最后一刻的折扣机票。要是您可以错峰出行，而且不怕多次转机的迂回线路，那么您的旅行成本还能降低。

虽然您可能要用到护照作为带有照片的身份证明，但是乘坐国内航班不必过海关和入境检查。不过安检跟国际旅行一样严格，包括全身扫描或搜身，所有手提行李，甚至鞋子，都要进行X光扫描，并且对液体物品有严格限制。

关于登机前您需要的准备时间，您要遵守航空公司的建议。如果您在飞机起飞前五分钟到达机场，那么您保准赶不上航班！

为了节省行李检查的等候时间，也为了节省某些廉价航空公司收取的行李费，很多美国人会把旅行所需物品全都塞进手提包里，您得预料到主舱里的储物空间十分有限。

乘 火 车

虽然美国的全国性铁路系统——美国铁路公司饱受美国人诟病，但是坐火车旅行仍不失为一种轻松惬意且旅程范围较广的出行方式。

美国铁路公司的城际网络不像长途汽车线路那样覆盖广泛，价格也不比飞机便宜，但是，由于多数车站都在市区，所以乘坐火车可以节省往返机场的时间和金钱。列车服务最好的城市都在西北“走廊”地带，途经波士顿、纽约、巴尔的摩、费城、华盛顿特区等城市，班次固定且十分密集。这些城市之间还有阿西乐高铁，可以给您带来优质乘车体验。

美国铁路公司在全国还有其他30条主要

线路，途经多数州的主要城市，有些线路还跨越边境驶入加拿大境内。您可以访问美国铁路公司网站（www.amtrak.com），查询列车目的地和行程时间。

搭乘长途车

电影中常常看到只有那些被剥夺了权利和不适应社会生活的人才会乘坐美国的长途车。长途车站可能看上去有些破旧，但是如果您经验丰富但经费不足，又愿意坐28小时汽车从纽约到迈阿密的话，乘坐长途汽车其实还是挺可靠的。而且在车上您一定会结识很多美国人。

地方公共交通

也许美国是一个依赖汽车的国家，所以公共交通（或“大众运输”）一般不像其他国家那么全面高效。不过纽约、华盛顿特区、芝加哥和旧金山的地铁系统除外，这些地铁在多数旅游目的地都有站，但乘坐时，要避开交通高峰时段！

各个城镇的地方公交车服务标准差异较大。公交车上没有售票员，您得准备好零钱，或提前购买代用币或车票。

出　租　车

出租车通常安装有计价器，在一些城市只要车上的“空车（for hire）”指示灯亮着，您就可以随时打车。大城市出租车司机最为人们熟知的特点之一就是他们来自各个民族，调查显示纽约新增司机中有90%是移民，他们来自84个不同的国家。虽然这话说起来很有意思，但是您不能指望所有司机会自然而然地知道您要去的地方。前面我们已经说过，打车要给司机小费。

住　宿

对于疲惫的游客，美国有各种各样的住宿选择，可以满足您经费和喜好等方面的不同要求。有经济实惠的青年旅馆，也有顶级奢华的度假村和新时代温泉酒店，两者之间还有很多级别的酒店供您选择。

即便在露营地，您也能看到美国人度假习惯的多种多样。有的人会住在帆布帐篷里，有的则住在装着轮子的房车上，这样他们在度假时就可以带上所有现代化的便利设施（比如厨房水槽）。您可以避开公路边上黑心的汽车旅馆，抄小道找一家价格适中、服务体贴的住宿加早餐旅馆或乡村旅社。您从网上很容易就能找到别人对旅馆的评价，然后再提前预定一下就可以了。

厕所在哪

美国公共厕所数量很少，这让游客们既吃惊又失望。火车站、汽车站和加油站一般都有公厕，而百货商店、博物馆和餐馆的厕所条件要稍好些。高速公路休息区虽然人流量很大（或许正是这个原因），但是公厕的维护保养通常都相当到位。

去哪“方便”

在美国，私宅中的厕所叫“盥洗室（bathroom）”，公用设施的厕所叫“卫生间（restroom）”，餐馆、电影院或酒店的厕所分为“男厕”和“女厕”。

健康

美国的健康风险相对较少，但是游客还是要尽可能购买医疗保险。美国的医疗保健制度有很多层次，十分复杂且价格昂贵。如果不是真的十万火急，尽量不要去急诊室（ER）。虽然法律规定急诊室应该给您看病，但是您可能要等很长时间，而且花销也很大，即使普普通通的脓毒性咽喉炎也会花掉 1000 美元。

取而代之，您可以留意一下哪里有“紧急护理”或“无需预约”诊所，虽然这些地方不是 24 小时营业的，但却是专为非紧急诊疗开设的。

医院在做出诊断或治疗前，要求出示信用卡或保险范围证明。如果您确实需要接受医疗救治，那么请放宽心，美国医院的诊疗水平是极高的。要是您回家后还有持久疼痛，那八成是因为医生或医院的高额费用啦！

动 身 之 前

因为您不可能预见所有不测，所以购买综合医疗保险还是很有必要的。保险范围应包括医疗救治、紧急回国、旅程延误或取消、票券遗失、财产被盗或遗失以及个人负债等。请查看您的信用卡是否已经涵盖汽车租赁和/或旅游保险。

安全与安保

作为一个旅游目的地，美国是世界上最安全的国家之一。尽管人们对荒蛮西部的印象一直不好，而且禁酒令时期恶棍流氓横行霸道，但是美国多数城镇的犯罪率都不高，人们友好随和，警察也很乐意为迷途的游客提供帮助。当然，您还是要保持适度警觉。

在人身安全方面，适用一般常识性规则：公共场合要提防扒手；天黑后不要出门；不要在人迹稀少的街道行走；不要逗留在空无一人的列车或地铁车厢里；白天使用ATM机，而且最好使用银行里面的机器；把您的钱包放在前侧口袋里；把您的护照和贵重物品放在旅馆保险箱里；一定要复印一份护照、签证和机票，并把它们跟您的旅行证件分开保管。

租车时，向租赁公司问明您所去目的地的安全路线，从而避免夜间在市区道路行车。不建议您搭顺风车，根据某些州甚至城市的法规，这样做很可能不合法。最重要的是，要尽量融入周围环境，不要拿着摄像机到处拍，也不要总是看手里的地图，让人一眼就能看出您是来旅游的。

9 · 11 恐怖袭击促使美国加强了国内安保措施。除了登机前要进行安全检查，在很多公共场所和写字楼也要安检。

紧急事件

报警、灭火、叫救护车都可以拨打免费电话 911。

别开枪，是我

发源于美国的枪支暴力酿成了许多惨剧，外国人不禁要问为什么美国不能废除居民合法拥有枪支的权利呢？“拥有武器的权利”（第二修正案）是在内战后写入宪法的，从而使地方民兵能够配备武器保卫来之不易的土地。如今，英国人已不再构成威胁，所以对于美国 40% 拥有枪支的家庭来说，他们注册合法拥有枪炮的主要目的是用来进行人身防护或消遣娱乐。美国公众一直对枪支拥有权问题抱有完全不同的意见。对枪支游说团的支持一般成区域性分布，多集中在打猎和捕鱼活动较多的州。只要避开与人就这一

问题展开激烈辩论，并且离不安全的社区远一些，游客们就不会遇到行使第二修正案权利的人！

未雨绸缪

由于美洲大陆极端的天气条件，几乎每年都有自然灾害登上美国新闻头条。猛烈的飓风会捣毁海湾和东部海岸；暴风雪使东部沿海城市陷入瘫痪；龙卷风沿着“龙卷风通道”横扫中西部地区，沿途的一切都被它撕得粉碎；西部夏末的大风和干旱助长了森林大火的气焰。幸运的是，美国气象服务可以对极端天气状况做出精确预报，灾区民众通常可以为应对恶劣天气做好充分准备。尽管如此，您还是要在规划行程时，把季节性天气因素考虑在内。

没有狮子老虎，但有熊

美国有很多野生动物，这常常给人们带来不便。短吻鳄在佛罗里达悠闲散步；西南部的响尾蛇性格暴躁；新英格兰的鹿蜱携带病毒而且不易察觉。（最恼人的是什么呢？应该非蚊子莫属吧。闷热的夏夜一听到嗡嗡声就得喷驱蚊水才行。）请记住不管做什么都不要招惹臭鼬。

不过，在大多数地方我们不太可能遇到危险的野生动物，除非您一头扎进“荒野地区”，那样的话，您就要听从专家的建议了，比如经验丰富且训练有素的国家公园管理局的公园管理员。（国家公园系统占地 8400 万英亩 /34 万平方千米，拥有美国最美丽迷人的风景和古迹。）

在炎热的地方旅行，请一定要记住带上大量的水，并涂抹防晒霜。在寒冷地区，即便是在沙漠中，入夜后气温也会骤降，您要多带几件衣服。不管在什么地方，出门前一定要确保手机充满电。

第八章

商 务 指 南

美国佬和美元的结合如此牢不可破，以至应该让这两词押韵才行。

——拉尔夫·瓦尔多·爱默生

如果不把欧盟看作单一经济体的话，美国到目前为止仍是世界最富有的国家，其 GDP 是中国的两倍，而中国是美国最接近的对手（但是预计 2030 年美国将下滑到第二）。美国经济以工业和服务业为基础并高度多元化，其生产力是世界上任何大国无法比拟的。虽然几年的全球经济衰退重创美国经济，但是美国对资本主义和自由市场的贡献是显而易见且不可动摇的。

布什总统任期快结束时危机开始了，其先兆是人们都

再熟悉不过的“经济泡沫”。只是这次发生在定价过高、订购过多的住房市

场。随着房地产开始贬值，随后出现了违约和止赎行为。政府被迫用纳税人的钱注资来减缓冲击。

但是之后银行被拉下了水，而且越陷越深。据透露，当时与抵押市场相关的复合证券出现疲软，但银行在财务上并未对此做好准备。这次从布什总统开始，奥巴马总统接手，政府再次出面救市。奥巴马向硝烟四起的汽车工业追加了大笔政府资金。很多美国的出口国也迎来了经济危机，于是导致了大萧条以来最严重的全球经济危机。随着奥巴马连任（他是民主党继富兰克林·罗斯福之后，第二位重新当选的总统），美国经济似乎开始进入上升通道，但是由于历史遗留的大量财政赤字，政府债务超过 16 万亿美元。

劳工阵线方面，因为诸如制造业这样的工会堡垒日渐衰落，工会运动的力量和政治影响已经减弱，不再像 20 世纪 30 年代的全盛时期那般辉煌。据估计，信息时代经济中需要技术的新就业岗位占 60%，但是目前劳动人口中仅 20% 从事这方面的工作。技术不断发展，由此引发的收入差距可能会是 21 世纪美国政治家和用人单位面临的长期挑战。

虽然遭到严厉批评，但是很多公司还是禁不住海外廉价劳动力的诱惑，在国内失业率处于历史最高位的时候，纷纷将生产转移出国，现在，写着“美国制造”的商标越来越少见了。电话技术支持总部很有可能设在新德里而不是纽约。与此同时，全球消费者抱有矛盾心理，他们虽喜欢美国的快餐，但却害怕所谓的“可口可乐殖民”。

英语始终是商业通用语，全世界都在学习美国的管理哲学。但是美国公司正在觉悟如果他们能理解并尊重海外文化，他们就能提高工作有效性，成为更好的世界公民。

美国职场掠影

美国人的工作环境发生了翻天覆地的变化。由于成本不断上升，用人单位提供越来越多的兼职或共享工作，或者把工作外包给海外承包商。公司重组、工作团队变得“虚拟化”，以及弹性的工作安排变得常态化，这些都给美国职场带来不断的变化。人员流动严重，因为人们认为经常跳槽可以为简历添彩。人们早已不再抱有一份工作干一辈子的心态了。雇员应该对自己的职业管理负责。用人单位希望员工遵守职业道德；雇员们则在有更好的工作机会时才会全心全意地工作。

政策、规程和惯例指导着公司生活的方方面面。除了强制机会均等立法，全美国已经引入多项措施，促进就业率并提高妇女和少数民族的职场地位。人们接受敏感性培训，从而防止种族歧视和性骚扰事件的发生。

在当今越来越“扁平”的企业组织中，人们的角色随时改变，组织层次随时流动，各种功能保持专业化，为学习新技能而进行的平级调动不再受人非议，即使向“飞黄腾达”的下属作报告也不是什么丢人的事。现在的企业组织“没有边界”，这使得在金字塔上下或跨职能部门之间的每个人都能自在地交流沟通。

工作时间长短取决于公司、行业和雇员工龄。行政人员可能是朝九晚五或在“露面时间”（想在这个时间让人看到在他们的办公桌上）到岗。正如前文所述，很多工人，尤其是技术人员，工作的时间过长，甚至要牺牲周末和假期（不管自愿与否）。外国游客经常看到一种矛盾现象：表面上员工们轻松自在、随便聊天，但是工作量和工作节奏似乎十分紧张，要是谁被问起时说自己“不忙”，可能会丢了工作。联邦快递的信封上都印着“非常紧急”字样。

办公室通常是敞开式平面布置，分成一个个小隔间，不过领导办公室还是会有四面墙和门，并且在视野最好的角落里。管理者应该平易近人，而且要秉承“敞开大门”的方针。要遵守日程安排，尊重个人隐私。最资深的主管也要亲自接电话，回复邮件。

工作时间，大家会暂时停下手中的工作为同事庆祝生日、婚礼或宝宝“洗礼”，而且一起凑钱送份大礼。上下班要花很长时间，所以大家下班后几乎不怎么来往。不过，公司通常会安排定期的社交活动，比如家庭野餐或垒球比赛，或者在星期五的时候出去喝一杯。

全天候的生活方式

美国商界不管大事小情都要按紧急事件处理，随着电子通信的发展，特别是电话从固定电话变成了随人移动的手机，这种情况更是有增无减了。（英国人发明了一个词叫“无手机恐惧症”，意思是不拿手机就害怕。）现在，没人可以用“不在公司”做挡箭牌不接电话了，要是您拨打的电话占线，您只有留个言，或者发封电子邮件或一条短信就可以了。

与面对面交流相比，很多人更喜欢这种交流方式。大家普遍使用语音邮件，人们有时故意挑人家不在的时候打电话，这样他们就能快速留言。说完啦！这下就看您怎么反应了。与此相同，邻桌的同事有时也互发电子邮件，这样既快速又高效，还能留下“文字证明”，然后您就可以把信件内容复制给与该项目牵扯不大的人，从而给自己留条后路。对于很多管理人员来说，电子邮件已经改变了他们的工作性质，他们花很多时间查阅收件箱，删除无关的“供参考”邮件。一位人力资源经理在笔记本上忙活了好几个星期后，对其中一位邮件作者说“我只剩下三百份未读信息了”。

随时随地不停地看智能手机已经成了现代行为特征。当您和朋友一起吃饭，聊着聊着天，朋友却第十五次低下头看他/她的黑莓手机，难道这不是粗鲁无礼吗！

着装要求

着装要求与行业和企业文化有很大关系。男士通常穿深色西服，女士穿连衣裙、半裙或长裤西装。很多公司都设立了“周五便装日”，公司着装要求不严格也不是什么新鲜事儿，但是工作安排要会见客户时，员工必须换上正装。虽然这样的着装要求让大家的穿着更舒适，但是有人却抱怨说这让他们不得不买第二套“制服”，男士通常是穿斜纹棉布裤（卡其裤）和开领“礼服衬衫”（长袖带扣的衬衫），女士穿休闲短裙或长裤加上装。

职业装一般要求面料质量上乘但是不能过于时髦。女士应该化淡妆，珠宝饰品要低调。如有疑问，稳健保守的装束一般不会有问题。自信的姿态，保持个人卫生，良好的仪容仪表都是必不可少的。

要是您不清楚第一次业务会谈该穿什么衣服，那就穿比较正式的衣服。

第一印象

请一定记住“您不可能有第二次机会给人留下第一印象”。人们根据您的行为和外表对您做出评判。粗枝大叶或不恰当的行为可能会把生意搞砸，或让关系陷入僵局。

第一次会面时，美国人通常会寻找大家的共同点和共同经历，从而快速找到业务契合点，这可能是共同原工作单位、共同的熟人或大学兄弟会与姐妹会。这只是为了建立社会联系，向更好的工作关系迈进，而不是为了开始一段美好的友谊。

带上名片

每个人都带商务名片，并在相互介绍时顺便交换一下名片，但是美国人可不会像亚洲人那样敬重地仔细端详一下名片，而是直接塞进他们的钱包里。

名片上应该写清楚您的姓名、公司名称、职务和职务概述，还有您的电话和传真号码、电子邮件地址和办公地址。

推销自己

国家文化比较谦虚谨慎的人往往会觉得美国人态度傲慢自大。但是美国人的理论是：干等伯乐发现您的才能，您将永远成不了千里马，特别是在竞争激烈的商界。反过来，他们也无法忍受所谓的“业余主义”，即在看不到任何切实效果时就一味努力。在外人看来，这种“成就取向”可能会显得傲慢自大，但是美国人却很看重这一理念，它是推动美国人不断向前追求卓越的强大内在动力。

这种毫不谦虚造作的行事方式并不仅仅为了“精神收入”，博得好名声和人们的尊敬，这的的确确会给人们带来金钱上的回报。多数大型公司都采用英才机制，对给公司利润贡献最大的个人加薪、升职，最重要的是给他们发更多的奖金。雄心勃勃的经理人靠自己的能力取得成功。

美国人一定会告诉您他们从小受到的教育就是要相信自己，要拿出自己最好的一面，要从众人中脱颖而出。在这样一个大国，优胜劣汰法则支配一切。正如一位中层经理所说：“要想竞争，你就必须提升自己，推销自己。”

职业人甚至打造了“电梯游说”，在三十秒内向别人介绍自己的身份和事业。

在各行各业都有竞争，从选美比赛到“月度最佳员工”，再到7月4日吃热狗比赛。努力成为第一名，努力做到最高最快，或者简单说，成为最棒的，这一驱动力促使美国人民取得了各种非凡的成就，但是因为“胜者为王”，所以您只记住了第一名。正如著名足球教练文斯·隆巴迪所说，在美国文化中，“亚军就是第一个失败者”。

底　线

与别的国家不同，美国人认为没有太多必要去了解和他们做生意的人，他们信任律师和合同，但不信任人。他们制定规则，所有人都按照规则行事。生意是否能做成取决于客户的口碑、利润空间或交货时间，而不仅仅靠大家之间的关系。

在这个“重工作，轻关系”的社会中，一切都是组织化的。虽然拉丁美洲的雇员可能依靠长期在自家亲戚手下做事而得到提拔，但是刚上任的美国人会被委任一位临时“指导”为他们在新组织中领航。与此同时，聪明的职业人士会组织一个“网络”——由相互熟识的职业人士组成的松散群体，大家在互惠互利的基础上相互帮助。找工作仍然是靠熟人介绍——80% 的工作是通过网络联系担保的，他们中的很多人都是通过社交网站组织在一起的，比如 LinkedIn 就已经有 1.5 亿多会员了。

管理风格

一位好的经理人应该为团队设定目标，具备行动导向和交付成果的能力。指挥控制型领导并不适合在美国生存。描述美国偏爱的管理风格，人们常用运动教练打比方。领导应该为下属出谋划策、提供资源，在运动员“带球向前冲”时，他要站在赛场边为他们加油助威。要做到这一点就要允许下属发挥主动性，让他们自己做决定，自己独立工作。有句话说得好“别问我该怎么办，告诉我你打算怎么办”。之所以会有那么多的管理书籍就是在告诉我们，伟大的领袖是天生的，但优秀的经理人是可以培养的。

在美国商界取得成功的因素

- 精力饱满、热情似火。
- 让别人了解您的优势和成绩。
- 积极主动、责任心强。
- 做事坦荡正直，多为他人着想。
- 积极、乐观、坚定。
- 在截止日期前高质量地完成工作。
- 让别人了解您的优势和成绩。(值得再重复一遍。)
- 光明正大，互相团结，紧密合作!

对经理人的评价不仅要看他们自己的业绩，还要看他们对其他人的培养。年度评估包含很多内容，对于员工的评价要看彼此认可的目标完成情况，还要看同事和下属的秘密反馈。

不进则退

在历史悠久的国家，人们可以从先例中获得智慧、找到方向，而美国人则是从未来中获取灵感。他们精通再发明，促成并管理变化。在外人看来，他们或许浮躁鲁莽。瑞士跨文化专家托马斯·兹韦费尔（《管理全球团队》）说过“尽管去做”是美国人的商业运作方式，他们喜欢“在实践中学习”，而不喜欢小心谨慎地计划好一切。商业是活动的目标，所以问题的解决和决策的制定都只能在短期解决问题，而不会成为金科玉律。

共同进退

美国的职场越来越强调团队合作。这里的“团队”概念是指由多个个体组成的群体，他们为了共同目标而一起工作。我们在讲个人主义时已经说过，美国的团队精神不同于和谐一致共同前进的亚洲的模式。成员们因为各具特长而进入团队，他们可能会接受“团队建设技巧”培训，从而形成一个团结高效的团队。

不幸的是，很多公司发出的是矛盾的信息。正如我们前面讲到的，企业中优胜劣汰，因为员工要往金字塔上层爬，所以下一次晋升的争夺战会更加激烈。当员工全心全意投入事业中（对公司做出值得积极鼓励的贡献时），他们减少团队中与同事的合作，因为这些同事可能成为他们再次晋升时的对手，或者在团队项目成功时，瓜分走他们的奖金。

团队（team）

鼓吹团队精神的人说团队（team）一词中没有“我（I）”，而个人主义者则挖苦说这个词中有“M”和“E”（me 在英语中也是“我”的意思）。

会　议

开会的目的多种多样，可能是即兴的十分钟团队动员会，也可能是预先计划好的、有详细议程表和会议记录的长会。会议结束时，安排好工作和任务，制定好行动计划并规定好最后期限。

跟美国生活的很多方面一样，会议过程也非常民主。开会座次比较随意，通常会议主持是指派的会议协调员，而不是由最资深的人担任。尽管如此，还是不要打断老板的讲话，不管他 / 她在某一点上讲了多长时间。鼓励各个层次等级的个人在会上发言，制定决策时采取少数服从多数的原则。可以公开阐述不同意见，为会议过程增添“创造性紧张”。多数情况下，每个人会委婉地同意彼此的观点，并对彼此的观点做出改进。

初到美国的人可能会觉得奇怪，大家都争先恐后地发言，有时说的净是废话。这源于美国的教育体制，对个人的评价不仅要看其做出的贡献，还要看其参与程度。甚至在开会时也盛行社会达尔文主义，您必须抓住一切机会展示自己，所以要大声发言。虽然在某些人看来，集体研讨会可能有些太松散或奇怪，但是美国人觉得通过这种会议可以有效地激发创意思想或解决方案。

要想开会顺利，您要守时（如果迟到要打个电话说明一下），很好地展示自己，而且要精心准备。

简　报

要注意风格呢，还是注意内容呢？在做简报时，美国人希望您两者兼具。某些文化更注重文字，其他人更喜欢长时间的讨论以建立信任。相比之下，美国人则是视觉导向，他们更喜欢简报，且技术含量高。语速轻松活泼，语调有说服力，再加上一系列奇闻轶事作为证据，这样可以让您的提案有理有据，让人愿意接受。随着 MTV 一代在商界的崛起，人们的注意力大幅缩水，一般开会时间都很短（30 到 45 分钟），而且安排较为紧凑。通常会发书面讲稿，包括硬数据和“幻灯片”（PPT 简报的复印件）。之后，会安排时间进行反馈或“问答”环节。

谈　判

美国人的谈判风格往往倾向"强行推销"，不时表现出毫不留情的精明和传教士般的热情！对产品或个人优势的强势推荐，在您听来可能有些自夸，但其实这不过是想博得您的信心和信任。这也符合美国人喜欢逻辑推理、性格直率和自我推销的特点。

美国的谈判代表可能不甚了解，或没有耐心去了解其他国家拘谨的商务礼仪、间接的交流模式或自愿决策的习惯。他们的重点放在短期和"大局"上：以及时的方式敲定最好的价格。他们的方式不拘礼仪、充满热忱，而且直截了当。美国团队会展示自己的姿态，并期待另一方进行竞争性议价。如果谈判陷入僵局，美国人的坚韧、创造性和好口才就会显现出来。尽管美国人有"硬性推销"策略，但是谈判对手在做出决策时不会感到有压力。美国人希望谈判桌对面的谈判对手也同样求真务实，并一心一意达成一笔实惠的交易。最让美国谈判代表沮丧的是他们被"引入歧途"，或者他们的谈判对手没有职权，无法做出必要决定。

注：美国人喜欢在会议之外达成口头协议，随后再敲定细节。如此一来，握手可能"搞定"谈判，但是协议要在签署合同后才能达成。不过通常来说，美国人认为"是"

就是“我同意”的意思。如果您国家的文化中“是”只是出于礼貌表示理解，而并不是最终同意，您可能要遇到些麻烦啦。

> **沉默不是金**
>
> 一家美国公司和日本供货商在东京谈判，开始很顺利，最后一天要散会了。美国人仍旧关注“底线”问题：价格和交货日期。日本人则更关心过程和信任。每当日本人停下来仔细琢磨对方的姿态时，美国人就赶紧出来打圆场，生怕气氛僵持。美国人以为日本人的沉默是不想让步，而日本人则以为美国人受不了沉默是他们不愿倾听。显然各方在谈判时都有自己的谈判策略，但是却没有理解对方的文化风格。

职场女性

妇女占到劳动人口的一半左右。她们在管理层表现出色，而且逐渐在一些非传统领域也做出了一番成绩。不过，很多人认为微妙的歧视现象还是存在的，这些现象妨碍了女性晋升到“玻璃天花板”以上，让她们无法进入组织高层。就升迁机会来说，很多职业母亲感觉她们被从“快速通道”转移进了“妈妈通道”。弹性工作时间、宝宝看护和薪酬对等仍然存在障碍。

女性希望得到和男性一样的待遇，但是同时希望别人对自己以礼相待。而对于男士，这可能意味着您的女伴会支付餐馆账单，但是您要为她倒咖啡。

商务接待

外国的商务访客不会受到 VIP 式的款待。即便是最高主管也没人去机场或宾馆接他。只有一种特殊原因才会有商务接待：给潜在客户留下好印象或举行“成交”晚宴。不要以为美国人穿便服、闲聊天，是他们对生意不重视，他们的举止很放松但还是比较克制的，午餐的马提尼酒已经变成了毕雷矿泉水。如果您不太确定能不能喝酒（即便是晚餐），请问问您的主人。宴席开始时会闲聊一会，但是很快就会言归正传，开始聊生意上的事情。鸡尾酒会只是个幌子，一定要腾出一只手来准备好跟人打招呼。

美国人不习惯也不喜欢在商务环境中相互送礼。

第九章

沟 通 交 流

语 言 传 统

从街头俚语到心理呓语，从商业行话到口号标语，美国的语言为我们打开了一扇窗，透过这扇窗我们可以了解美国千变万化的文化。美国人始终喜欢跟人分享他们的思想和感受。人们坐在摇椅上把本杰明·富兰克林朴素的箴言和马克·吐温的奇思妙语一代一代传承下来。在新千年里，哲理变得更加诙谐幽默，有的可能写在冰箱贴上，有的写在车尾贴上，有的则是出自关于“禅宗”的书籍。Twitter 把很多小笑话缩减为140个字以内。如果一个人听不懂这些笑话，那他就是“井底之蛙”。

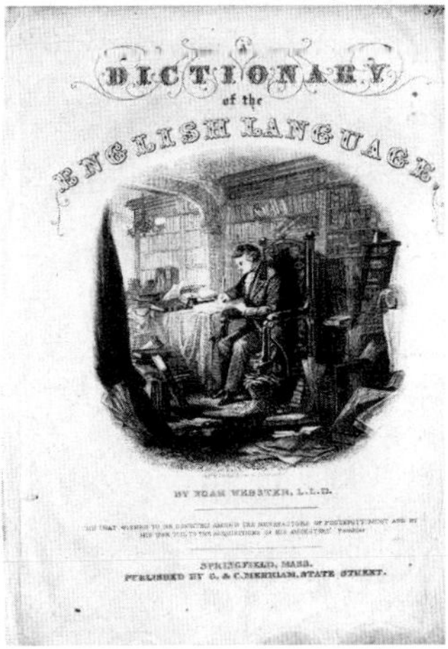

有史以来，语言一

直是界定美国独特文化特性的最前沿。1806年，康乃狄格州的诺亚·韦伯斯特出版了第一本美式英语字典，他认为独特美语的发展是美国脱离英国独立的进一步表现。韦氏字典中包含新式美国词汇，例如臭鼬（skunk）和杂烩（chowder）。有些单词拼写复杂，但却没有太大必要，韦伯斯特也做出了修改，比如：centre改成center（中心），plough改成plow（犁），colour改成color（颜色）。

近年来，美国人在争辩移民子女是否应该接受双语教育。虽然政府在此问题上行动迟缓，但是美国的企业界却采取了行动。针对不同语言群体的电台、电视台如雨后春笋。广告牌上的语言能反映出周围的人口统计学特征。电话公司提供西班牙语的菜单选项，银行ATM机增加了中文语言选择。

目前，估计有五分之一的人在家说母语，而不是英语。西班牙语是美国第二大语言，3500万人以西班牙语为第一语言。与此同时，在这个古老的国家仍有些地方，人们只说一种语言，例如，布鲁克林的一些地方说意第绪语，而宾夕法尼亚和俄亥俄州的阿米什社区则说德语。

科琳·福斯特在她的《美国常用语手册》中列出了一些单词，它们是从其他语言中借用来的，但是现在已经融入美国词典中，其中包括：nitty-gritty（非洲语言，意为事实真相），moose（美洲原住民语言，意为麋鹿），chocolate（阿芝特克语，意为巧克力），tycoon（中文，意为大亨），saloon（法语，意为酒吧），chutzpah（意第绪语，意为肆无忌惮）和 glitch（德语，意为小故障）。十足美国味的 hamburger（汉堡包）呢？其实，也来自德语。

被同一种语言分开

乔治·萧伯纳有句名言，他说美国和英国是“被同一种语言分开的两个国家”。拼写、词汇和习语都不一样。“to table a motion”（搁置动议）在英国意思是把某件事情放在议事日程上；而在美国则是把它移走。英国人用“stand for election”表示竞选，而好动的美国人则说“run for office”。美国人说“打破僵局（break the ice）”，但温文尔雅的英国人则说“融化（melt）僵局”。还有一个词可能更能发人深省，英国人是“拿出（take）”决定，而美国人是“做出（make）”决定。

沟 通 风 格

“祝您度过美好的一天！”“衣服不错！”“干得漂亮！”美国人的日常交流通常趋向于非正式用语，再加上些“最”做点缀，用感叹号结尾。所有事情都给予正面的转变，比如“挑战”就被委婉地说成“机遇”。

在多数情况下，美国人都以乐观友好的心态对待所有人，他们为之而骄傲。他们喜欢直呼其名，不在乎年龄或地位。医生、长官或教授等职业头衔可能仅在工作时才使用。“女士”一词可以涵盖已婚和未婚女性，但是只有在书面交流时才会用到。人们的姓名通常是缩写的，并且昵称也很常见。

美国人善于记忆，与人相遇时总能说出对方的名字。

和美国人打交道，通常您看到的（或听到的）就是您能得到的，特别是在商界。这里没有“拐弯抹角”。“诚实是最好的策略”，所以直截了当要比彬彬有礼的外交手腕更受美国人欢迎。习惯了高谈阔论或机智雄辩的欧洲人可能会觉得美国人说话听起来有些生硬。但是美国人更喜欢简单明了、精确到位的交流，最好像新闻摘要一样。举例来说，美国人表达自己观点和情感时比北欧人更加自由，但是公共场合说脏话是不可以的。拍桌子和扯着嗓子喊叫显得这人缺乏自控，但是人们还是可以包容的。私人间的争吵被认为会破坏社交气氛，通常会用实用主义的方式得以解决。（直到需要律师出面，那时，就得说“法庭上见”啦。）

行动敏捷

设想一下：一位德国人向三位客户做完业务简报。日本人坐在那里沉思他所听到的内容。英国女人则在心里琢磨如何回答才能显示自己一流的口才。而美国人呢？他会直接开说。抓住时机、顺其自然是最重要的。最要紧的是要表现出自己的才思敏捷，“实话实说”，并且行动要迅速。所有的一切都要归结于业绩和成果。

思考模式成线性发展，通过对事实的逻辑排序，最终形成一个清晰的结论——起因和结果，各点连线。美国人依赖的是目标、具体事实和数据。信息是通过直白的语言进行传递。说话时没有必要使用微妙的非语言手势、深刻的寓意或额外的信息。“只要事实，女士”就够了。书面报告的题目是简单的“执行摘要”四个字——其中可能只是列出要点。

体育行话

在竞争激烈的体育比赛中常使用些行话，美国人最爱把这些话拿来用作商业行话。美国的经理人十分钟爱最新的流行词汇，比如无界限、适型化和知识经济，但是他们更喜欢“开始行动”、“面面俱到”和“成功出击”！大概数字可以用“in the ballpark（棒球场）”表示。

寒　暄

“那么，你觉得大都会队表现怎么样？”“这天儿够热的哈？”美国人通常会用问句开始闲聊。寒暄时应说些安全话题——电视节目、体育比赛、天气等。要忌讳通常认为不该谈论的话题（性、宗教、政治）——见“第四章：交友”部分。到了“言归正传”的时候，寒暄就会戛然而止。

填补缺口

什么会让美国感到不自在？是沉默，这一点在前面我们已经说过。如果谈话时出现间歇，美国人会理所应当地跳出来打破沉默。一个人说完了，另一个人会接着说——打断别人被认为是粗鲁的行为。在另一个极端，美国人也不喜欢说话太唠叨。国会发言人、奥斯卡奖得主以及参会人员通常只有30秒钟的时间说出他们的重点，否则就会被毫不客气地打断。

谈吐举止

美国人的谈吐举止轻松自在、不拘泥小节，这点非常明显。“请”是常用词语。在接受别人给予的物品时，他们可能不说“是的，请”，而是说“当然”或“可以”，这可能会让一些人觉得有些无礼。对于“谢谢您”或“多谢”，也可能用一声爽快的“当然”或“没关系”来回答，或者正式一些用“不客气”。“请原谅”跟英式英语中的“您说什么”、“对不起”或“抱歉”差不多，但是“什么”也被认为是不礼貌的说法。在听力所及的范围内，如果有陌生人打喷嚏，人们会说“保佑您”（或“愿您保重”）。美国人在面临一项选择时说“我无所谓”，可能听上去像是漠不关心，其实他们通常是想说“我不介意”。最后，因为开放式办公室无门可敲，所以进入同事办公隔间时该遵从什么礼仪现在“尚未分晓”。

政治正确性

这个话题在美国就没那么轻松了。社会和职场都经过某种程度的“消毒”，从而确保没有人会受到冒犯，所有人都包括在内。人们常用诸如主席（chairperson）、消防员（firefighter）和邮递员（mail carrier）等中性词语。非洲裔美国人、美国原住民、男同性恋和女同性恋终于有了符合他们自己情况的称谓。结果是办公室沟通文化相对保守。游客们经常会发现美国人即使在办公室排队中也不会“不拘礼节”。请记住，在工作场合，一定要避免直接向一位异性表达个人评价（即使是夸赞之词也不行），以免被误认为您言辞不当，成为控告您性骚扰的证据。二十世纪六七十年代，人们会拍拍别人的背表示祝贺，搂住别人的肩膀表示安慰，但是现在这样“黏黏糊糊”的日子已经一去不复返了，乔治·W·布什在想要抚摸安吉拉·默克尔的后背时本应该知道这一点的。

书面记录

从白纸黑字的宪法到今天动不动就要打官司的商业环境，美国人只相信写在纸面上的东西。在这样一个多样性的大国，您不可能指望所有人都达成共识，所有事情都要有文字证明，所以一定要写下来。

肢体语言

握手时要坚定有力，同时要面带微笑，看着对方的眼睛。这样传递信心和真诚，博得对方的信任。说到交谈的“舒适带”，美国人喜欢保持一臂距离，不过他们会轻轻拍一拍别人的胳膊表达他们的热情或强调某一重点。

在某些文化中，随着社会等级的上升，人们越拘谨。但在美国不这样，不同地位之间没有“权利差距”。在会议上如何发现“谁是领导”？不是看座次，也不是看人们的恭敬程度，而是看他轻松但又极具权威的做派。

在非语言手势方面，美国地区跨度太大，不好总结，只能说些陈词滥调了，不过还是说说吧。得克萨斯人敦厚善良，常常拍拍您的后背表示友好；中西部人更为沉默寡言；意裔美国人跟德裔美国人比起来更喜欢连说带比画；亲密的朋友之间常常击掌，不过这对于五零后或六零后的人来说可能有些粗鲁；顶拳头越来越普遍；非洲裔美国人发明了三步握手法，不过您要是不知道自己在做什么，还是不要尝试的好。

非语言手势总是跨文化雷区。比如表示“好的”，美国人可能把拇指和食指圈成一个“O”形，但是这个手势在其他地方可能会冒犯别人。最好用竖起拇指这种通用的手势表达赞成。

幽　默

斯宾格勒是《亚洲时报》的著名记者，他说因为美国人没有共同的特征，所以没有典型的美式笑话。是不是呢，反正美国人毫不隐瞒他们把最尖刻的嘲讽奚落都留给与他们相邻的州！

在简报开始时，美国人会义不容辞地打破僵局，但是除此之外，他们似乎比精力旺盛的巴西人或无礼的澳大利亚人还是多少严肃些的。这可能因为他们的幽默感不同，而且美国人在使用幽默感时更加谨慎。还是那句话，幽默的风格因为地域偏好和移民文化影响而有所不同。美式幽默有各种类型，大都会的人风趣幽默，说起笑话来冷酷尖刻；而中心地区的人具有文雅讽刺的幽默感，讲起笑话来细致入微像在讲故事。因为美国生活如此多面，犹太人对世界戏剧和娱乐做出了非常大的贡献，从马克斯兄弟到伍迪·艾伦和杰瑞·宋飞。

或许幽默风格不同，但是美国人都喜欢被幽默包围。他们认为开心快乐是与生俱来的权利。电视情景喜剧、喜剧俱乐部、畅销书和电子邮件笑话，以及像 YouTube 和洋葱新闻之类的网站，这些都是美国人寻找乐趣的方式。

在美国人的家里和办公室里，他们用各种卡通画来装饰布告栏，而且还摆放着“每天一笑”的日历。只是要记住，美国是一个电脑王国，所以不要讲低级庸俗的笑话。

媒　体

1968 年，安迪·沃霍尔说过“在未来，每个人都可能会在 15 分钟内闻名世界”。近来，目睹了社交网络的崛起，苏格兰艺术家摩墨斯把这句话改成了“每个人都会在一个

15 人圈子中出名”。

或许互联网最特别的一面就是它的确是个“世界”网络，它把万维网、博客、脸书、推特等的每位用户投入一个文字与图片的全球大染缸，没有地理或国界限制，凡事都突破了地域限制。所以，如果想找到相关性，网友只要把他/她的个人界限和定义描述出来，然后搜索，就可以在全球范围内找到相似的观点，并且屏蔽反对的声音或意见。这种特殊信息和评价的微观管理资源几乎能做到针对用户兴趣和信仰进行定制。而且对于多数美国人来说，这种方式与电视相抗衡，成为新闻获取的主要来源。2012 年，27% 的美国人说他们是从与互联网连接的移动设备上获取新闻的，比如智能手机或平板电脑的应用程序，而且这个数字还在增长。但是也有将近三分之二的美国人认为他们经常听到不准确的新闻报道，这种情况比早些年要严重得多。

宪法第一修正案赋予美国人言论自由和出版自由，不受任何限制，美国的报纸和新闻杂志正是得益于此才能继续做那些令人敬佩的工作。但是现在很多这样的报纸和杂志都提供网页版本，所以很多著名的出版物就质疑，既然读者人数减少了，再继续出版印刷版本是否还有利可图呢（但是发行量从 20 世纪 70 年代开始就已经出现下滑了）。

与此同时，网民为获取新闻不断挖掘在线利基，其速度比夜间播报或早报要快得多，但网民可能不会坚持新闻业的最高标准，他们做不到毫无偏见，也不会区分事实和炒作。上网让每个人可以发出自己的声音，也让每个人都能有潜在的听众。

新　闻

美国共有 14728 家 FM 和 AM 电台，1774 家电视台和 1480 份日报，所以在美国，无论打开收音机，还是打开电视机，您都能了解到最新情况。（见探讨电视和广播用于娱乐的内容。）

虽然《今日美国》是国家报纸，但是多数美国报纸满足的是某个城镇的需要。高质量的报纸有《纽约时报》《华盛顿邮报》《波士顿环球报》和《洛杉矶时报》。此外，对于真正的新闻迷来说还有像《时代周刊》这样的新闻杂志周刊。但是，正如前文所述，作为主要新闻来源的报纸已失去往日风采，其普及程度已大幅下滑，即便是电视新闻（多数美国人的首选）也仅仅是比无处不在的互联网新闻强一点点。

保持联络

人人在线

对于互联网我们不必多说。说到互联网的使用量，美国人绝对是第一，约有 80% 的美国人上网。到处都有 Wi-Fi 热点，不光是图书馆、机场、宾馆商务中心、网吧有，开放式公共空间也有，而且多数都是免费的。很多人家中也安装了自己的 Wi-Fi 网络。

可以为智能手机用户提供宽带接入的 4G 网络继续在美国流行。现在威尔森和 T-Mobile 拥有最广泛的网络，但是其他运营商正在不懈追赶。不过，通过电话线上网要收费，而且上网时间可以叠加。

电　　话

由于手机的普及，公共电话越来越少见了，而且逐渐变成只使用信用卡或电话卡了。在家中，很多美国人完全放弃了“座机”，而是从当地有线电视公司购买家庭电话服务，还能得到打包赠送的宽带互联网接入和 100 多个电视频道。

多数人都有留言机或语音邮件服务，以及“呼叫等待”，所以不会漏接电话，并可以在方便的时候回电话。但是用手机发短信（或电子邮件）已经成为社会联络以及商务联系的主要沟通形式。不过遇到紧急的事，还是打电话比较好，不用费半天工夫来来回回地发信息，您可以直接进入私人交谈。青少年们特别喜欢发短信息，但是不光他们，我们也要提醒其他的司机，开车发信息是相当危险的。

虽然美国的电话费相对低廉，但是旅馆里的电话却贵得离谱。您可以拨打对方付费电话，也可以用信用卡或电话充值卡打电话。

如果您在国内的手机可以接收 GSM 频段，尤其是三频段和四频段，那么就能在美国使用。但是，您应该问一下供应商看看每分钟的话费是多少。

其他话费较少的办法还有：在您逗留期间租一部电话，或买一份预付费电话套餐。如果您购买预付费套餐，最好在专门的手机店把您的手机激活，在那里您还可以装入并激活适用的当地 SIM 卡。

如果您从国外往美国打电话，先拨打您国家的国际直拨号（比如，在英国要拨 00），然后是美国的国家代号（1），再拨三位数的区号（比如纽约是 212），然后拨七位数的电话号码。因此，如果您要从英国拨打纽约的电话号码 1234567，您就应该拨 001 212 1234567。

常用电话

信息（电话号码查询服务）：411

紧急电话：911

接线员：0

国际电话话务员：00

传　　真

虽然互联网的出现逐渐淘汰了传真，但是多数宾馆和复印店仍然提供传真服务。

邮　　政

邮政服务相当可靠而且还便宜。美国邮局早上 9:00 到下午 5:00 营业。为避免长时间等待，请避开高峰时间。在某些超市，甚至在网上也可以买到邮票。跟其他很多国家不同，美国邮局没有品种繁多的商品（比如文件之类）或服务（如账单支付），但是可以买到某些包装用品。

寄给游客的邮件可以送达任何美国邮局，但是上面必须注明“存局候领（General Delivery）”并写有该邮局的邮编。取包裹时，您要出示带照片的身份证明。您可以在 www.usps.com 查询邮资、邮编等信息。

像联邦快递（FEDEX）或联合包裹服务（UPS）等私营运输公司收费较高，但是他们可以上门取件，既快捷又方便。

结　语

杰夫·格林菲尔德是位经验丰富的政治评论员，他说过：“如果您不了解这个美丽新世界，您就不会理解政治。”共和党人米特·罗姆尼在2012年总统竞选的策略失误正是与这句话有关。

这个“美丽新世界”并不是保守的共和党人认为他们可以保护的永恒的美国，而是一个不断进步的现代化美国。在这个国家，移民不断涌入；在这个国家，少数民族不断增长；在这个国家，刚刚获得认可的社会团体不断要求人们改变态度，不断挑战着陈旧的做事方式。美国的大多数选民更加年轻，更加多样化，他们选出了这个国家第一位非洲裔总统，而且还获得了连任。

要明确怎样才是“典型的”美国人越来越不容易。或许在《独立宣言》墨迹未干时，这个定义就已经是个移动目标了。但还是有些关键点的，即注入每位美国市民（或自称为美国市民）思想的美国价值观，不管他/她是一位新移民还是一位五月花号航行者的第十代后裔。我们希望本书抓住了这一独特且明显的民族特征：在这个崇尚成功的国度力求个人的进步；希望可以自由表达任何想法，希望可以克服任何障碍；以及势不可挡的自豪感和爱国精神（不论是否认识或承认这个国家的错误），而美国为了其人民始终傲居世界最伟大的国家。

《这就是美国》概括地讲述了美国的方方面面，以便您更好地欣赏这个富饶而迷人的国度。理解构成美国的各种文化，以及您可能遇到的各种心态和行为，对您的生意和游玩都会有所帮助，还能让您做一个更受人欢迎的客人。因此您的旅程也会更加有收获。

既然您已经大概了解在美国会遇到些什么事情了，那么就该计划一下您的旅程了。从哪里开始呢？如何拥抱一位巨人呢？答案很简单，就是不拥抱。每次您就只去一个州、一个城镇、一条主要街道。尽一切办法去标志性的地标，比如：大峡谷、尼亚加拉大瀑布、帝国大厦，或者阿拉莫。不过，请一定要记住在这个伟大的国家旅行，最难忘、最丰富的经历就是走在街上偶遇这里可爱的人们。